WAS DIE MEDIEN NICHT ÜBER DEN KRIEG IN SYRIEN BERICHTEN

ESSAYS

WASEEM KANJO

AUS DEM ENGLISCHEN VON

VANESSA DÜRR

"Ich möchte Ihnen heute drei Geschichten aus meinem Leben erzählen. […] Die erste handelt davon, eine Verbindungslinie zwischen den Punkten zu ziehen. […] Natürlich war es unmöglich, schon auf dem College die Punkte miteinander zu verbinden. Aber zehn Jahre später, im Rückblick, war alles ganz klar.

Noch einmal: Man kann die Punkte nicht verbinden, wenn man sie vor sich hat. Die Verbindung ergibt sich erst im Nachhinein. Man muss also darauf vertrauen, dass sich die Punkte irgendwann einmal zusammenfügen. Man muss an etwas glauben […] Diese Haltung hat mich nie enttäuscht, sie hat mein Leben entscheidend geprägt. […]

Die Überlegung, dass ich bald tot sein werde, ist für mich die wichtigste Hilfe bei den wirklich grossen Entscheidungen im Leben. Denn fast alles – anderer Leute Erwartungen, Stolz, Versagensangst – wird im Angesicht des Todes unwichtig, es bleibt nur, was wirklich wichtig ist. Wer bedenkt, dass er sterben wird, fällt nicht der Illusion anheim, er habe etwas zu verlieren. Man ist sowieso nackt.

Ihre Zeit ist begrenzt, also vergeuden Sie sie nicht, indem Sie ein fremdbestimmtes Leben führen. Hüten Sie sich vor Dogmen, denn das heißt nichts anderes, als sein Leben an den Ansichten anderer Leute auszurichten. Sehen Sie zu, dass der Lärm fremder Meinungen nicht Ihre innere Stimme übertönt."

Steve Jobs

INHALTVERZEICHNIS

ÜBER DIESES BUCH

Was in Syrien passiert ist, kann in jedem anderen Teil dieser Welt leicht reproduziert werden. Der Krieg wurde zu einem Produkt, das reproduziert wird. Es ist dringend notwendig, dass die Menschheit versteht, was wirklich passiert ist. Sie muss auch verstehen, wie es passiert ist und warum, damit wir verhindern können, dass es unseren Planeten verbraucht. Es ist wie die Flammen eines Drachens, der eine Nation nach der anderen verbrennt.

Bezugnehmend auf die Artikel in diesem Buch soll der Leser nicht nur in die Lage versetzt werden, zu verstehen was in Syrien passiert ist, sondern auch was derzeit in Jemen, Libyen und bald auch in anderen Teilen der Welt.

Der Großteil des im Folgenden Beschriebenen stammt von meinen eigenen, persönlichen Erlebnissen und Erfahrungen, die ich in Syrien gemacht habe. Vieles stammt aus den 30 Jahren, die ich vor dem Krieg in Syrien gelebt habe, und den zwei Jahren nach dem Ausbruch des Kriegs, neben neuen Informationen, die ich in der Türkei und Europa in Erfahrung bringen konnte.

Nachdem ich nach Europa gezogen war, wuchs in mir das Gefühl, dass uns nicht alles über den Syrien-Krieg erzählt wird, und dass die Medien sehr selektiv sind, was die Informationen betrifft, die sie uns erlauben zu hören. Das war der Grund, aus dem ich mich dazu entschlossen habe, darüber zu schreiben und meine Ansichten und Gedanken mit Ihnen zu teilen.

HERZLICHST, IHR
WASEEM KANJO
WIEN, 2018

www.gegen-manipulation.com
info@gegen-manipulation.com

Einleitung

Das Meiste, das Sie in den Medien gelesen oder gehört haben, ist zu 100% zutreffend. Aber WIE und WANN Sie die Berichte übermittelt bekommen, darin liegt die Manipulation!

Wenn das Wort "Krieg" verwendet wird, können einige glorreiche Szenen in den Sinn kommen. Man kann bei Kriegen an jene historischen Kämpfe denken, in denen junge Männer zusammentrafen, um ihre Stärke zu demonstrieren und sich die Anführer bemühten, ihre Intelligenz zu zeigen. Wir alle gehen ins Kino, um Filme über solche Kriege zu sehen. Wir erzählen Kindern Geschichten darüber. Ich finde daher das Wort "Krieg" viel zu romantisch, wenn ich versuche zu beschreiben, was in Syrien passiert. In dieser Tragödie wurden keine Fähigkeiten demonstriert, sondern Krankenhäuser, Kinder und Zivilisten in Haufen von Gliedmaßen und Blut verwandelt. Die Anführer der kämpfenden Gruppen sind hingegen nur selten aneinandergeraten und haben kaum etwas verloren. Sie werden am Ende des Krieges alle sicher als Gewinner mit dickeren Brieftaschen nach Hause kommen, während Millionen von Zivilisten vertrieben wurden. Unzählige Fälle von Folter haben sich ereignet, zahllose Gliedmaßen wurden verstümmelt, Augen ausgestochen und Köpfe abgeschnitten. Der Krieg war nicht darauf ausgerichtet für etwas Bestimmtes zu kämpfen. Es gab kein Land, keine Rohstoffe oder strategische Positionen, die gewonnen werden konnten. Dieser Krieg wurde entworfen, um eine der tragischsten Episoden der Menschheitsgeschichte zu schaffen.

Es ist nicht nur die Anzahl der Opfer, die diese Tragödie zu einem der hässlichsten Kriege der Geschichte gemacht hat. Er passierte in einer Zeit, als man dachte die Welt sei gereift. Es gibt ausgeklügelte internationale Rechtssysteme, die von Nationen und Organisationen entwickelt wurden. Man konnte annehmen, dass ein solcher Krieg auf diesem Planeten nicht mehr möglich sei. Die Massaker in Ruanda oder im Kosovo lagen schon länger zurück. Damals machte die Menschheit noch ein Nickerchen. Die Zeiten hätten inzwischen sich geändert, dachte man, und die internationale Gemeinschaft wurde endlich erwachsen. Ihre Ethik schien nun entwickelt genug. Man konnte hoffen, dass solche Ereignisse nur mehr in Geschichtsbüchern zu finden wären. Zumindest haben sich die Syrer das gedacht bzw. wurden sie dazu gebracht es zu glauben.

Die Millionen von Demonstranten, die auf die Straße gingen, hatten eine Vielzahl von Gründen, sich gegen ein so korruptes und mörderisches Regime zur Wehr zu setzen. Allerdings hatten sie zuvor auch jahrzehntelang Gründe genug, um diesen Schritt nicht zu tun. Die Syrer waren keineswegs ahnungslos, was die Ethik oder besser gesagt „Nicht-Ethik" ihres Regimes und dessen grenzenlose Brutalität betraf. Genau genommen waren sie sich den Werten des Regimes und seiner Verbündeten spätestens seit 1982 bewusst und sie waren auch nicht so dumm, sich bezüglich der Waffenlager ihrer Regierung zu verkalkulieren[1].

Jedenfalls ein Teil der Syrer ist in der Revolution gegen das Regime gerade deshalb aktiv geworden, weil man sich auf die angebliche zivilisatorische Reife der Nationen und Organisationen auf der ganzen Welt verlassen hat.

Wichtig ist zu wissen, dass dieses Vertrauen nicht spontanen Ursprungs war, sondern systematisch aufgebaut wurde.

Erklärungen von Politikern wie Obama, und Erdogan sowie europäischen Regierungschefs schafften Vertrauen. Wenn man diese Signale in den Jahren vor der Krise verfolgt[i], besteht kein Zweifel daran, dass es sich um keinen Zufall handelte[2].

---

[1] Jagdgewehre sind die meistverwendete Tötungswaffe, die eine Person vor 2011 legal einsetzen durfte, gegen ein Regime, das bereit war, sich Israel entgegenzustellen, mit grenzenloser Unterstützung von Russland, dem Iran und vielen anderen Ländern und „Halbländern" (wie der Hisbollah und vielen radikalen sektiererischen Milizen und Söldnermilizen).

[2] Jeffrey Sachs, Direktor des Earth Institute an der Columbia University: "Dies ist ein US-Fehler, der vor sieben Jahren begann. Und ich erinnere mich an den Tag, an dem Präsident Obama sagte: "Assad muss gehen" und ich sagte: "Huh, wie wird er das machen? Wo ist die Politik dafür? "Und wir wissen, dass sie die CIA geschickt haben, um Assad zu stürzen. Die CIA und Saudi-Arabien zusammen in verdeckten Operationen versuchten, Assad zu stürzen. Es war ein Desaster, schließlich brachte es beide Isis als Splittergruppe zu den Dschihadisten, die hereinkamen. Es brachte auch Russland. Dies würde ich "den permanenten Staat" nennen, das ist die CIA, das Pentagon [...]. Keine Möglichkeit, das zu tun, und so haben wir in Syrien einen Stellvertreterkrieg

Lag eine Verschwörung gegen das syrische Regime vor? Der Schein trügt!

Das Regime von Assad war selbst ein Teil dieser Verschwörung. Alle seine Taten trugen dazu bei.

Die Berichterstattung in den Medien erklärte die ungerechtfertigte Gewalt des Assad-Regimes als eine Art Faschismus, Sadismus oder politische Dummheit. Wenn Sie weiterlesen, werden Sie verstehen, warum diese Erklärung nicht ausreichend ist.

Assad ist nicht der einzige Spieler in diesem Spiel. Er ist kein Diktator, der losgelöst von anderen Mächten agiert.

Er ist mit den mächtigsten Geheimdiensten der Welt verbunden. Sein Regime ist Bestandteil ein internationales Machkartells. Die Besitzer dieses Unternehmens überlassen die Sicherheit dieses Imperiums nicht der Dummheit eines Diktators. Alle Handlungen waren bewusst gewählt und kamen nicht zufällig zustande.

Das werde ich auf den folgenden Seiten dieses Buches erklären.

---

geführt. Es hat 500.000 Menschen getötet, 10 Millionen vertrieben haben, und ich sage voraussagbar, weil ich es vor sieben Jahren vorausgesagt habe, dass es keine Möglichkeit gab, dies zu tun." Vorgeschrieben von MSNBC Panel über Syrien https://www.youtube.com/watch?v=piQA5ZLOtC4

Das Buch enthält zwei Arten von Materialien: Fakten und Theorie.

Beide sind natürlich miteinander verbunden.

- Die in diesem Buch beschriebenen Fakten habe ich persönlich erlebt. Ich habe jedoch versucht, möglichst viele externe Quellen bereitzustellen, um sie zu unterstützen. Es gibt ein Dilemma in Bezug auf Referenzen in unserer Zeit: Leser unterscheiden sich, wenn es um die Quellen geht, die sie akzeptieren. Manche akzeptieren nur westliche Medien, andere lehnen alles aus diesen Quellen ab. Wenn man alle Perspektiven und Sichtweisen abdecken wollte, wäre das Buch um Hunderte Seiten dicker geworden. Es füllt das Buch nur mit Informationen, auf die der durchschnittliche Benutzer in vielerlei Hinsicht zugreifen kann. Ich bitte den Leser nicht, mein Zeugnis oder meine Quellen zu akzeptieren. Ich schätze die skeptische Einstellung und lade den skeptischen Leser dazu ein, jede zweifelhafte Information zu untersuchen. Dafür kann jeder Leser die Quellen verwenden, die er möchte. In unserer Zeit geht das immer einfacher. Die Leser können suchen, recherchieren, sogar neutrale Syrer oder Zeugen aus erster Hand erreichen.

- Die theoretischen Teile des Buchs versuchen, die Fakten zu erklären. Wichtiger noch, sie wurden aus diesen Fakten Geschlussfolgert und darauf aufgebaut. Sie kamen später als Ergebnis, weil die klassischen Erklärungen als ungültig oder unzureichend befunden wurden. Ich möchte hier betonen, dass ich kein Fan einer früheren oder populären Theorie bin, insbesondere der Verschwörungstheorien. Ich kann es nicht ertragen, mehr als ein paar Sekunden auf irgendeine Geschichte über die Rothschild-Familie oder die Macht der Freimaurer zu hören. In den ersten paar Krisenjahren (bis Mitte 2013) akzeptierte ich die einfache Erklärung in den Medien. Diese Erklärung beschreibt, was in Syrien passiert, als "Freiheitsrevolution gegen den Versuch eines Diktators, seine Macht zu erhalten". Oder, im besten Fall, ein "Machtkonflikt zwischen dem Westen und Russland". Irgendwann konnte eine dieser Erklärungen nicht mehr alle Fragen beantworten. Ich hätte das einfach überspringen können und die Paradoxe ignorieren. Die meisten anderen taten das und konnten mit einer Geschichte leben. Sie fanden eine in den Mainstreammedien, die ihrem Verständnis entspricht. Das habe ich auch versucht, bin aber gescheitert. Mein Respekt für meine Gedanken, die Bilder der Opfer, die Mission des Intellektuellen, all das ließ mir keine Chance, meine Augen geschlossen zu halten. Ich musste tiefer und tiefer graben. Wenn ich den Leser auffordern würde, irgendwelche Zweifel zu untersuchen, würde ich ihn bitten, dass er sogar versucht, irgendeinen Teil der Theorie zu widerlegen. Ich wäre dankbar für jeden Widerspruch, der die Fakten klar erklärt. Ich habe nur eine Bedingung, bevor er das tut: Bitte lesen Sie alle Fakten sorgfältig durch, bevor Sie eine vereinfachte Erklärung liefern. Ich wäre allen Lesern dankbar, die eine logischere Erklärung liefern können, vorausgesetzt, dass diese alternative Erklärung nach sorgfältiger Lektüre der Fakten erfolgt.

War das Assad-Regime der Auslöser der syrischen Revolution oder ihr Opfer?

Sommer 2011 - Saraqib, Nordsyrien

Es war unerträglich heiß. Ich wachte morgens in unserem Bauernhof auf, der drei Kilometer vom Stadtzentrum von Saraqib entfernt liegt. Ich schaltete den Fernseher ein. Es lief gerade ein Film. Ich schaute diesen Sender regelmäßig, um mein Englisch zu verbessern. Ich war noch immer in einem Zustand der Benommenheit. In Saraqib war in den letzten Tagen Schlimmes geschehen.

Vor einigen Tagen kam mein Vater morgens zur gleichen Uhrzeit zu mir und sagte, dass die Armee mit Panzern und Soldaten in die Stadt gekommen sei, um eine Inspektion durchzuführen. Er hatte Angst. Er hatte unser ganzes Geld bei sich und versteckte es schließlich irgendwo im Badezimmer. Wir waren uns nicht sicher, ob die Armee auch bis zu den Bauernhöfen kommen würde. Wenige Stunden später hörten wir schwere Gewehrfeuer. Mein Vater war geschockt. Nichts könne solch massive Schusswechsel rechtfertigen. Schon nach wenigen Sekunden klopfte es an der Tür. Ich wagte es hinauszugehen und den Offizier einzuladen uns „zu beehren". Als er hereinkam, sprach ich ihn unterwürfig mit "Mein Herr" an, wie das üblich war. Er fragte mich nach meinem Namen und verlangte meinen Personalausweis. Er wollte wissen, wo mein jüngerer Bruder sei, der sich stark an der Revolution beteiligt hat. Nach dieser Befragung nahmen die Soldaten eines unserer beiden Autos mit, weil es auf den Namen meines jüngsten Bruders registriert war. Sie stahlen bei dieser

Gelegenheit auch noch etwas Anderes. Mein Vater und ich verließen danach den Bauernhof. Doch schon wenige Minuten später rief meine Mutter meinen Vater an und bat ihn zurückzukommen. Eine andere Soldatengruppe inspizierte schon wieder unser Haus. Auf dem Weg dorthin wurden wir von einer weiteren Armeeeinheit angehalten. Wir mussten unsere Ausweise herzeigen. Der Name meines Vaters schien auf einer ihrer Liste auf und er wurde sogleich verhaftet. Es gelang uns einige Tage später seine Freilassung zu erwirken und das beschlagnahmte Auto wiederzuerlangen. Dafür haben wir Bestechungsgelder bezahlt und Beziehungen genutzt. Er kam niedergeschlagen und wütend nach Hause. Seinen Mut konnte man ihm aber nicht nehmen.

Bei dieser ersten von zwei Inspektionen wurde niemand getötet. Die Armee verhaftete viele Intellektuelle wie meinen Vater. Die meisten von ihnen kamen wieder frei, nachdem sie gedemütigt und gefoltert worden waren.

Der Film im Fernsehen lief noch immer. Ich fühlte mich als wäre ich gedopt. Welcher Film ist das eigentlich? Sehe ich gerade einen Film darüber, was vor ein paar Tagen in Saraqib passiert ist? Es schien genau dasselbe Szenario zu sein, aber die Männer waren schwarz und das Land lag offenbar in Afrika. Eine Minderheit, die aus historischen Gründen wütend ist, wurde von einigen ihrer Kriegsfürsten heimlich bewaffnet. Dem steht eine unbewaffnete, verängstige Mehrheit gegenüber. Es finden Durchsuchungen statt, bei denen Soldaten unangemessene Waffengewalt anwenden. Die erhoffte westliche Hilfe kommt nicht oder zu spät. Welcher Film ist das nun? Ich habe den Titel des Films unten am Bildschirm gelesen: "Hotel Ruanda"[ii]. Ist dasselbe wirklich schon vor 20 Jahren in einem afrikanischen Land passiert? Die Geschichte scheint sich zu wiederholen.

In diesem Kapitel zeige ich detaillierter auf, was ich im Vorwort das "mysteriöse Verhalten des Assad-Regimes" während der syrischen Krise genannt habe. Ich werde 10 Fakten als Beispiele für dieses mehrdeutige Verhalten anführen und diese kurz beschreiben.

Dieses Verhalten wurde von den Massenmedien als "bloße Dummheit" oder "die erwartete Reaktion eines Diktators, der versucht, seine Macht zu behaupten" erklärt. Dieser Interpretation stimme ich nicht zu.

Dieser Teil handelt von Fakten, nicht von einer Theorie. Ich habe diese Ereignisse miterlebt und - wenn möglich – zusätzlich Referenzen aus verschiedenen vertrauenswürdigen Quellen hinzugefügt. Ich würde es begrüßen, wenn der Leser diese Fakten auch mit anderen für ihn vertrauenswürdigen Quellen überprüfen würde.

Meine Theorie zur Erklärung des Verhaltens von Assad wird in späteren Kapiteln erörtert. Der Leser kann sich natürlich darüber seine eigene Meinung bilden. Meine Meinung werde ich jedoch mit verschiedenen externen Quellen untermauern.

***

Während Tausende ausländischer Kämpfer nach Syrien strömten, arbeitete die Armee des syrischen Regimes mit voller Kraft daran, syrische Städte nacheinander zu zerstöre.[3]Das änderte sich nicht, als die russischen Luftstreitkräfte einen Teil der Zerstörungsoperation übernommen hatten[4]. Die Kämpfer überquerten täglich die syrischen Grenzen, bewaffnet mit Tonnen von Waffen und Fahrzeugen. Sie kamen hauptsächlich von den türkischen Grenzen und teilweise von Jordanien, Libanon und Irak. In fast keinem Fall wurden die Konvois der Kämpfer angegriffen. Sie bewegten sich klar und ohne Herausforderung. Weder die Luftwaffe des syrischen Regimes noch die der Russen versuchten, sie aufzuhalten.

Weiter und kurz nachdem die Rebellion begann, befreite das Regime Tausende von inhaftierten Radikalen, die im berühmten Gefängnis Sednaya[5]

---

[3] https://edition.cnn.com/2017/04/06/middleeast/syria-weapons-against-civilians/index.html
[4] https://www.amnesty.org/en/press-releases/2016/03/syrian-and-russian-forces-targeting-hospitals-as-a-strategy-of-war/
[5] Gleiche Quelle wie oben:
http://www.spiegel.de/international/world/former-prisoners-fight-in-syrian-insurgency-a-927158.html: "Im März 2011 zu Beginn der Aufstände ließ Baschar al-Assad erneut viele Dschihadisten aus den Gefängnissen frei. Gleichzeitig wurden seitdem Zehntausende von syrischen Studenten, liberalen Aktivisten und Menschenrechtlern verhaftet. Erst kürzlich **dokumentierte** die Menschenrechtsorganisation Human Rights Watch einige Schicksale", was die Annahme nahelegt, das viele

eingesperrt waren. Sydnaya und davor Palmira sind die syrischen Ausgaben des berühmten irakischen Gefängnisses Abu Ghoraib. Sie werden als "Laboratorien zur Herstellung von Terroristen" bezeichnet.

General Khaled Al Mutlak, ein zur Opposition übergelaufener Offizier syrischer Offizier, schrieb in seinem informativen Artikel:

> *"Das Sednaya-Gefängnis war und ist immer noch eine Arbeit für die Geheimdienste des syrischen Regimes. Es produziert Persönlichkeiten, die gegen das Regime sind,*

---

willkürlich festgenommen, gefoltert und unfairen Gerichtsprozessen unterzogen wurden.

Ebenso: http://s.telegraph.co.uk/graphics/projects/isis-jihad-syria-assad-islamic/ : Sednaja Gefängnis, nordöstlich von Damaskus, Syrien. Tausende politische Häftlinge wurden hier durch das Regime des Präsidenten Assad festgehalten, es ist zahlreich bezeugt, dass Präsident Bashar al-Assad sich während seiner Herrschaft sehr ambivalent den Dschihadisten gegenüber zeigte. Er ermunterte sie, in den Irak zu gehen, um Zarqawis Al-Qaida-Ableger beizutreten, dem Vorgänger von Isil, und nach 2003 Amerika zu bekämpfen, verhaftete aber dennoch viele bei ihrer Rückkehr nach Hause, sofern sie ihm als ähnliche Bedrohung für seine eigene Herrschaft erschienen. Als der Aufstand in Syrien im Frühjahr 2011 begann, ließ er hunderte von ihnen im Rahmen einer Begnadigung frei. Die Begnadigung, vermeintlich für politische Häftlinge, wurde zu der Zeit als Betrug oder auch zu wenig zu spät angeprangert. Tatsächlich war diese aber einer der wichtigsten politischen Entscheidungen, die Assad traf. Die freigelassenen Häftlinge waren hauptsächlich Islamisten, die sich danach einer Reihe von bewaffneten Gruppen anschlossen oder diese gründeten, während säkuläre und friedliche Demonstranten und Aktivisten weiterhin inhaftiert und ermordet wurden. (The telegraph 11. MAI 2016).

---

die dem Terrorismus verdächtigt werden und nach ihrer Freilassung die Hauptinstrumente zur Erreichung der Ziele des Assad-Regimes wurden. [...] Sie nahmen die Führungspositionen der Fraktionen ein, die als Islamisten bezeichnet wurden, mit voller Unterstützung der arabischen und internationalen Geheimdienste. "[6]

General Mutlak nannte einige Beispiele für diese Figuren:

• Abu Lokman, einer der Gründer der Al-Nusra-Front in Syrien, der auch als IS-Führer (Emir) in Al Raqqa [Nordsyrien und die Hauptstadt des IS in Syrien] tätig war.
• Mahmoud Al Kholaif, der Sicherheitsoffizier in ISIS
• Haj Fadel Al Agha, der Beziehungsbeauftragte
• Abu Abdul Rahman Al Hamwi, Führer von Al Nusra in Hama

---

[6] https://www.syria.tv/content/مـخـتـبـرات-تـرويـض-الإرهـاب . Mutlak meint, dass "die Geschichte der Herstellung und Vorbereitung dieser Personen unter anderem 2005 begann. Die syrischen Geheimdienste haben ein praktisches Trainingsprogramm zur Vorbereitung von dschihadistischen Islamisten und Zivilisten durchgeführt, die als Teil einer größeren Prüfung des internen Konflikts qualifiziert wurden. Der Ort dieses Tests war das Sydnaya-Gefängnis, wo das Gefängnis nach der ersten Rebellion (27. März 2009), dann die zweite (5. Juni 2008) schrittweise an die islamistischen Gefangenen übergeben wurde".

• Abu Naser Darwasha, der Cousin von Abu Mohammad Al Jawlani, dem Anführer von HTS (Hay'at Tahrir Al Sham, zuvor Al Nusra Front)
• Abu Hafs Al Keswani, der Islamistenführer in Daraa und andere.

> *"Der Grund, warum das Regime sie zu Beginn der syrischen Revolution freigelassen hat, war, die Militarisierung des Aufstandes zu vollenden", sagte Naser, der Ende 2012 übergelaufen ist. "Und kriminelle Handlungen anzuregen, damit die Revolution den Eindruck eines Kriminalfalls vermitteln wird, dass das Regime gegen Terroristen kämpft [...]" John Kerry, der scheidende Außenminister [von USA], sagte im November 2015, ISIS sei "von Assad" geschaffen worden [...]. Assads Ziel war es, der Welt zu sagen: "Ich oder die Terroristen."* [7]

Die meisten Analysten, oppositionellen Denker und Autoren stimmen dieser Analyse zu.

Mein Einwand gegen diese einfache Erklärung lautet: Das Assad-Regime hat dieses Ziel innerhalb der ersten

---

[7] "Assad Henchman: Here's How We Built ISIS" a two-year investigation by The Daily Beast shows.
https://www.thedailybeast.com/assad-henchman-heres-how-we-built-isis

zwei Jahre erreicht. An dieser Stelle steht ein großes Fragezeichen. Bis zum Jahr 2013 besetzte der IS weite Teile Syriens und des Irak, belegte mit diesen Aktionen in den Medien und auf den ersten Seiten internationaler Zeitungen viel Platz. Die Syrer hatten genug von den Islamisten und ausländischen Fraktionen. Das Assad-Regime hatte die Berechtigung, die bewaffnete Rebellion zu beenden und seine Kontrolle über Syrien wiederherzustellen. Wie ich in den folgenden Punkten erklären werde, hat das Assad-Regime genau das Gegenteil getan.

Die verschiedenen Hauptquartiere der bewaffneten Opposition blieben während der sieben Jahre der militarisierten Rebellion unbehelligt. Bewaffnete Rebellen wuchsen in jeder kleinen Stadt oder in jedem Stadtzentrum in dem von der Opposition kontrollierten Gebiet. Die Fraktionen dieser Opposition, die jetzt von unbekannten ausländischen Kämpfern angeführt wurde, besetzten Regierungsgebäude und Schulen und verwandelten sie in Militärgebäude. Dieses Hauptquartier war immer von bewaffneten Fahrzeugen umgeben. Sie waren vollständig sichtbar und konnten leicht überwacht und beobachtet werden. Die syrischen und russischen Flugzeuge überflogen täglich diese Hauptquartiere, während ihre Angriffe die zivilen Krankenhäuser, Märkte, Kinderschulen und Häuser angriffen[8]. Weder die syrischen Flugzeuge noch die russischen versuchten das Hauptquartier der

---

[8]   https://edition.cnn.com/2017/04/06/middleeast/syria-weapons-against-civilians/index.html

bewaffneten Opposition zu stören. Sie vermieden es sogar, ihnen Schaden zuzufügen.

In vielen Fällen marschierten die Panzer der Opposition ohne Angriff oder sogar ohne Angst vor einem Angriff friedlich auf ihr Ziel zu.

Eines der anschaulichsten Beispiele war:

> *"Eine ganze 1.000-köpfige Rebellenbrigade in der syrischen Provinz Idlib soll in die Gruppe des Islamischen Staates übergelaufen sein. [...] Die Dawud-Brigade, die in Sarmin stationiert war und unter die Schirmherrschaft der Scham-Armee fiel, erreichte am vergangenen Wochenende die nordöstliche Stadt Raqqa, das Hauptquartier für den Islamischen Staat (IS) – früher bekannt als der Islamische Staat Irak und Syrien (ISIS / ISIL)* [9]. *[Die Entfernung*

---

[9] Die genaue Szene wurde auch in der Schlacht um die Befreiung des Stadtzentrums von Idlib im Norden Syriens gesehen. Die Konvois der oppositionellen Panzer marschierten prächtig in Richtung Stadtzentrum unter der Sonne. https://www.youtube.com/watch?v=OQ71KXgNAU4. An diesem Tag griffen die syrischen Flugzeuge die Stadt Sarmin an, die 3 km von Idlib entfernt liegt. Diese Attentate haben viele Zivilisten getötet und dem Zentralmarkt, den Spitälern und Kinderschulen in Sarmin und seiner Umgebung viel Schaden zugefügt! „Am 28. März 2015 hat eine Koalition islamistischer Rebellengruppen, darunter Ahrar al-Sham und Dschihadisten der Al-Nusra-Front, die heute als Fatah-al-Sham-Front bekannt ist, die sunnitische Mehrheitsstadt besetzt. [...] Syrische Kampfflugzeuge und später russische Jets haben wiederholt auf Städte in der Provinz Idlib abgezielt."

zwischen Sarmin und Raqqa beträgt über 200 km, ebene Erde, während dieser Zeit flogen die syrischen Flugzeuge und griffen die Zivilisten so weit nicht an[10].] Die Rebellengruppe traf in einem Konvoi von über 100 Fahrzeugen ein, darunter 10 von der syrischen Regierung beschlagnahmte Panzerkräfte[11]. [...] Der Anführer der Brigade war Hassan Abound [der auch ein Ex-Sydney-Häftling ist, der 2011 vom syrischen Regime befreit wurde].

Dies wirft nicht nur eine Frage auf, sondern zwei.

---

http://www.dailymail.co.uk/wires/afp/article-4386878/Idlib-Last-Syrian-rebel-stronghold.html

[10] https://www.independent.co.uk/news/world/middle-east/syria-conflict-isis-marches-further-into-syria-tipping-the-balance-of-power-in-the-civil-war-9608335.html

https://www.hrw.org/news/2014/07/30/syria-barrage-barrel-bombs

http://www.dailystar.com.lb/News/Middle-East/2014/Jun-16/260322-twenty-dead-in-syria-barrel-bomb-attack-in-aleppo.ashx

[11] https://www.rt.com/news/171952-thousand-strong-defect-islamic-state/

Lesen Sie auch im selben Bericht:

„Unterdessen gab es am Montag Berichte, dass mehrere der FSA angegliederte Rebellengruppen dem IS in der Grenzstadt al-Bokmal in Ostsyrien Treue geschworen haben. [...] Die Berichte über die Abtrünnigkeit kommen, als die Obama-Regierung die Bemühungen verstärkt, die Freie Syrische Armee zu bewaffnen. Letzten Monat hat das Weiße Haus den Kongress um eine halbe Milliarde Dollar gebeten, um den Oppositionskämpfern zu helfen."

Erstens, warum wurden diese Konvois nicht von russischen und syrischen Flugzeugen gestört? In einigen Fällen griffen diese Flugzeuge Krankenhäuser und zivile Märkte an und überflogen diese beweglichen Panzer.

Das zweite Fragezeichen ist noch größer: Woher kam dieses Vertrauen und die Ruhe der oppositionellen Panzer? Woher hatten sie die Gewissheit, dass sie nicht angegriffen werden, also nicht einmal versuchten, sich zu verstecken?

In einigen Gebieten, die unter der Kontrolle des Regimes wie Aleppo und Damaskus standen, durfte sich die bewaffnete Opposition in der Nähe der Stadtzentren aufhalten. In den Krisenjahren haben diese Oppositionsstellen vor Ort Granaten lanciert, um ein paar Einwohner täglich zu töten. Einige dieser Punkte waren nicht mehr als ein paar Kilometer von Assads Palast entfernt und blieben dies jahrelang. Obwohl es sehr einfach und näher am Herzen des Regimes war, diese Punkte zu zerstören, ließ das Regime-Flugzeug sie fallen und konzentrierte sich auf Ziele, die Hunderte von Kilometern entfernt waren. Dies garantierte die Loyalität der überwiegend christlichen, drusischen oder anderen Minderheiten angehörenden Einwohner. Dies schuf auch eine feindselige Haltung gegenüber der Opposition. Worte wie "Freiheit", "Demokratie" oder "Revolution" wurden zu den hässlichsten Worten, die diese Bewohner hören konnten.

Die Streitkräfte der Armee und des Regimes nahmen im ganzen Land Verhalten mehrerer Standards an. Einige Bereiche sollten der Opposition entzogen werden. Andere sollten sehr früh in diesen Griff gehen und dort bleiben. Zwischen diesen beiden Polen gab es andere Schatten. Einige Bereiche sollten der Opposition für eine Weile gegeben und dann vom Regime wiederhergestellt werden. Diese wurden je nach ethnischer Zugehörigkeit, Religion, Sekte oder Lebensstandard[12] der jeweiligen Region festgelegt. In den Gebieten, die pro-Assad bleiben sollten, wurden die Regimekräfte angewiesen, sich wie Engel zu verhalten. In den anderen Teilen wurden die "Teufelskräfte" des Regimes dorthin geschickt, um die Menschen in den Wahnsinn zu treiben.

Auf der anderen Seite war das Assad-Regime scharf darauf, friedliche Aktivisten festzunehmen oder zu töten und die Intellektuellen und die Ältesten[13] in

---

[12] Gebiete wie große Stadtzentren, reiche Viertel, Christen, Alawiten und Drusen wurden völlig anders behandelt als ländliche und konservative Gebiete, die systematisch gedrängt oder sogar versucht wurde, im Aufstandsprozess voranzukommen.

[13] Wie ich dem Leser versprochen habe, werde ich meine eigene Erklärung der Ereignisse auf den nächsten Aufsatz verschieben und mich in diesem Aufsatz nur an Fakten halten. Allerdings möchte ich hier die Frage stellen, ob das oben beschriebene Verhalten des Assad-Regimes irgendetwas mit einem genau ähnlichen Verhalten irgendwo anders auf der Welt zu tun hat, nämlich in Pakistan, wie James Risen in seinem außergewöhnlichen Buch "Pay Any Price" berichtet:

vielen Zielgebieten öffentlich zu beleidigen. Während der achtjährigen Revolution hörte die Festnahme von Unschuldigen, Frauen, Kindern und friedlichen Aktivisten nicht auf. Sie wurden auf schreckliche Weise gefoltert und erniedrigt[14]. Dies wurde zu einem Phänomen, das durch Tausende von Fällen repräsentiert wurde, von denen viele durchsickerten und dokumentiert wurden.

In vielen Fällen waren die Verhafteten oder Gefolterte nur neutrale Unschuldige oder sogar Pro-Regime-Bürger.

"Am 17. März 2011 feuerten amerikanische Drohnen mindestens zwei Raketen auf eine Versammlung in Data Khel, die mehr als vierzig Menschen tötete. Die US-Regierung bestand darauf, dass der Drohnenangriff einen Taliban-Befehlshaber tötete, aber Dorfbewohner erklärten später den Ermittlern, dass Drohnen ein Treffen eines örtlichen Ältesten angegriffen hatten, um einen Streit über eine Chromitmine zu verhandeln. Viele der Getöteten waren Männer, die sowohl Ortsälteste als auch Leiter großer Familien waren. Ihr Tod löste eine weitere Runde antiamerikanischer Proteste in Pakistan aus. "Pay Any Price, James Risen, PP 2015, S. 55.

[14] „Kräfte, die dem syrischen Präsidenten Bashar al-Assad gegenüber loyal waren, brachten mit einer systematischen Amoklaufserie mindestens 108 Menschen um. Am erschreckendsten waren die Morde an Frauen und Kindern. Ein US-Repräsentant sagte, die Opfer wären 49 Kinder, die jünger als 10 Jahre alt seien. Das Al-Assad-Regime bestritt, die Grausamkeiten ausgeführt zu haben, aber US-Beamte sagten, sie hätten eindeutige Beweise gesehen, dass die syrische Regierung an den Angriffen beteiligt gewesen sei." https://edition.cnn.com/2012/05/31/opinion/ghitis-syria-killing-children/index.html

Viele Denker erklärten dieses Verhalten des Regimes als eine Taktik zur Militarisierung der Revolution. Ihrer Ansicht nach war die friedliche Revolution für das Regime gefährlich und verängstigte sie wegen des möglichen Zusammenbruchs des Regimes. Diese Erklärung klingt in gewissem Maße logisch. Dieses Verhalten des Regimes hielt jedoch auch nach der Militarisierung, Islamisierung und sogar Globalisierung der Revolution an. Das Regime erhielt genug Anzeichen und Beweise für eine radikale und bewaffnete Rebellion im ersten Jahr der Revolution. Das könnte genug Rechtfertigung sein, um die Rebellion zu unterdrücken. Warum hat diese ungerechtfertigte Brutalität in den acht Jahren der Revolution nicht aufgehört?

Das Regime hat die bewaffneten Bewegungen klar und systematisch unterstützt und dabei friedliche Aktivitäten brutal unterdrückt:

Zu Beginn der Rebellion erhielten die Rebellen die meisten ihrer Waffen scheinbar vom syrischen Regime. Die Offiziere des Assad-Regimes verkauften den Rebellen alles, was sie brauchten. Dies erschien zunächst als bloße Korruption. Jeder, der über grundlegende Kenntnisse in syrischen Angelegenheiten verfügt, weiß jedoch, dass dies ohne grünes Licht des zentralen Kommandos der Geheimdienste des Assad-Regimes nicht möglich ist. Das Risiko ist sehr hoch und die Entdeckung solcher Geschäfte ist fast sicher. Kein vernünftiger Offizier würde so viel für ein paar tausend Dollar riskieren. Das könnte für den

Offizier, seine Familie und sogar seinen Clan eine Ewigkeit in der Hölle bedeuten. Nach dem Massaker von Hama 1982 hätte kein Syrer den Mut gehabt, jemandem, der gegen das Regime kämpfte, eine Zigarette zu verkaufen. Selbst wenn man nur mit einer verdächtigen Person sprach, war das ein Verbrechen, geschweige denn Waffen zu verkaufen. Wenn solche Geschäfte regelmäßig unter ähnlichen Bedingungen im ganzen Land stattfinden, kann das nicht zufällig geschehen. Dies ist ein systematischer Prozess mit voller Zustimmung des hohen zentralen Kommandos der Geheimdienste des Assad-Regimes. Die meisten dieser Offiziere, die solche Geschäfte tätigten, zogen in Gebiete, die vom Regime kontrolliert werden, wo sie viele Jahre leben würden. Keiner von ihnen wurde für diese Geschäfte untersucht oder bestraft.

***

Assad wandte nicht seine volle Kraft und Arsenal auf, als die Rebellion begann. Im Gegenteil, er strebte mutwillig danach, Signale seiner Schwäche an die Rebellen zu senden, um sie zu ermuntern weiterzumachen. Denn er nutzte aus militärischer Sicht sehr klassische Reaktionen, als er in einem sehr sanften Ton sprach und seine „vermeintlichen Feinde und Verschwörer" glauben ließ, dass er wirklich Angst vor ihnen hätte, und er befürchte sein Regime könne innerhalb von ein paar Tagen fallen! Die Medien arbeiteten solange daran, die Syrer von der angeblich schwachen Stellung Assads zu überzeugen, bis dies nicht mehr angezweifelt wurde.

Der Abwurf von Bombenfässern und Raketen begann erst, als es zu spät war, die angeschobene Rebellion umzukehren oder zu beenden oder darüber nachzudenken, einen Deal mit dem Regime einzugehen. Es wurde zu spät umzukehren als:

- die ausländischen Kämpfer zur stärksten Macht auf dem Boden wurden, ihre Arsenale und bewaffneten Hauptquartiere etablierten, und als sie sich irgendwann von den Einheimischen abkoppelten und diese arrogant oder ignorant behandelten.

- Andererseits war es zu spät umzukehren, als die Syrer darauf vorbereitet wurden, bereitwillig eine Haltung „für Freiheit und Würde bis in den Tod" anzunehmen. Diese Verpflichtung oder Schuldigkeit hatten sie nicht, bevor die Rebellion begann. Das Assad-Regime setzte seine volle Kraft nur dann ein, wenn es sich ernsthaft für etwas engagierte und ein Rückzug zu erniedrigend geworden wäre. Zu dieser Zeit lobten die Medienkanäle (vor allem Al Jazeera) jene, die ihr Leben für die Freiheit opferten und terrorisierten jeden, der dazu tendierte, Frieden oder Übereinkunft mit dem Regime zu schließen. Sie gingen sogar soweit, dies als Verrat am Blut der Märtyrer und an den Freiheitsprinzipien darzustellen. Die Umkehr wurde auch unmöglich für Syrer, die ihren Versprechen und Verpflichtungen nachkommen, egal wieviel sie dabei verlieren, und ungeachtet der zu erleidenden Tragödie (besonders nachdem sie in vielerlei Hinsicht darauf vorbereitet worden waren, wie ich in anderen Teilen dieses Buches erläutere).

**

Bald nachdem die Demonstrationen anfingen (oder auch schon vorher) begannen sich sogenannte „leaked" Videos in den sozialen Medien auszubreiten oder sie wurden täglich über internationale TV-Nachrichten-Kanäle gesendet. Diese Videos sickerten aus Assads militärischen Punkten, Gefängnissen und Funktionärsbüros. Sie waren voller Taten, die Menschen provozieren: Beleidigungen gegen religiöse Ansichten, Frauen wurden gequält und in ihrer Ehre verletzt, kurz alles was Syrer (und radikale Muslime auf der ganzen Welt) verrückt werden lässt, dass ihnen keine andere Chance bleibt, als zu rebellieren. Für diese Radikalen in der ganzen Welt stellte reisen nach Syrien die einzige Option dar, um dem „Ruf des Dschihad zu folgen/(antworten) oder um die Ehre ihrer muslimischen Schwestern zu schützen".

Der springende Punkt ist hier: Solche Videos oder nur Fotos durchsickern zu lassen, war die letzten 40 Jahre nahezu unmöglich gewesen! Wie ich bereits sagte, die Kriminalität des Assad-Regimes begann nicht erst in 2011. Brutalste Praktiken waren in Syrien und anderen

14 Regierungsbezirken tagtäglich für Dekaden gang und gäbe, aber nichts von diesen Praktiken hatte vorher jemals die Chance, unter irgendwelchen Umständen nach außen dringen zu können. Die Syrer und Assads Offiziere wussten, dass wer auch immer Informationen gegen den Willen der Regierung nach außen dringen ließe, würde unverzüglich und hart bestraft werden, mitsamt seinen Verwandten und geliebten Menschen.

Auch wenn die Medien des Regimes offiziell behaupteten, über solche Videos äußerst empört zu sein und sie abstritten, zeigt eine einfache Überprüfung dieser angeblich „durchgesickerten" Videos, dass diese mit einfach zu bedienenden Geräten ungehindert, also nicht heimlich, aufgenommen wurden, nicht etwa durch verängstigte Kameramänner und versteckte oder stationäre Kameras beispielsweise. Da diese angeblich heimlich gefilmten Videos mit Mobiltelefonen von Assads Soldaten aufgezeichnet wurden, hätte die Geheimpolizei sie einfach identifizieren können. Das bedeutet, Assads Regime wollte die Verbreitung und lies sie willentlich geschehen. Und diese Videos wurden während der Kriegsjahre systematisch auf täglicher Basis aufgenommen und verbreitet.

***

Jahre bevor die Revolution begann, wurden einige zur Assad-Familie gehörige Gestalten (wie Rami Makhlouf, Bashar Al Assads Cousin) durch Propaganda zu einem Symbol der Korruption aufgebaut. Sie erhielten Eigentum in den wichtigsten ökonomischen Bereichen wie dem Kommunikationssektor, Medien, Luxushotels und Freihandelszonen (einigen Personen gehörten unter anderem ganze Marktbereiche/Sparten!). Um das Vermögen der Syrer zu stehlen, hatte Assads korruptes Regime dieses Symbol eigentlich nicht nötig. Es war generell schon für Dekaden unter der Ära des Vaters korrupt, daher wäre das Phänomen einer Zurschaustellung der Korruption nicht erforderlich gewesen. Es war für das Regime eines gut ausgebildeten Anführers nicht schwierig, die Korruption wie zu Vater Assads Zeiten zu vertuschen, falls der finanzielle Profit das Ziel war. Aber was stattfand, war das Gegenteil: Dieses Phänomen vergrößerte sich durch weit gestreute Propaganda, geleitet durch syrische Geheimdienst-Agenturen ihrerseits. Der gerissene Anführer stoppte oder verringerte dieses Phänomen der Korruption auch nicht, vielmehr stärkte er es in den Jahren vor der Revolution und danach. Es wurde gezielt benutzt, um den Leuten genug Argumente für den Beginn einer Rebellion zu liefern. So fanden auch die ersten Demonstrationen in 2011 genau unter dem Motto „gegen die Korruption" statt, woran zu erkennen ist, dass die Rebellion teilweise hausgemacht und provoziert worden war.

Fazit:

Was ich durch die letzten 10 Punkte zu beweisen versuchte, war, dass Assad nicht einfach "dieser korrupte Diktator, der Angst vor der Revolution hatte und versuchte diese zu vermeiden und als sie ausbrach begann, die Menschen massenweise und brutal zu töten" sei, wie die Massenmedien gerne erklärt haben. Das Assad-Regime beabsichtigte bewusst, diese "Revolution" zu schaffen und löste sie aus. Es gab dieser Revolution alles was sie brauchte um zu beginnen. Danach war es bestrebt, sie am Leben zu erhalten und weiterhin zu unterstützen.

Das geschah in voller Koordination und Zusammenarbeit mit seinen angeblichen „Feinden", d.h. der Türkei und seinen Achsenländern, wie ich im folgenden Kapitel beschreiben werde.

Nach 8 Jahren aller möglichen Vorhersagen und Analysen zum Trotz, scheint Assad sich an der Macht zu halten. Diejenigen, die ihn entweder beraten oder angeleitet haben, haben gewusst was sie taten und genau dieses Ziel verfolgt. Assad ist immer noch in seinem Palast an der Spitze seines Regimes. Er stellt langsam seine innenpolitische und internationale Position wieder her. Er, sein Clan und seine Offiziere haben ihren Reichtum verdoppelt. Er befreite sich von der Hälfte seiner Nation, die er für „unnötig" hielt.

Die Länder, die vorgaben, als ob sie daran interessiert wären, ihn zu stürzen, setzten das nicht ernsthaft um. Wie ich in den folgenden Kapiteln zeigen werde, halfen sie die Rebellion zu beginnen. Danach aber strebten sie zu verhindern, was die meisten Syrer erhofften, nämlich Assad zu stürzen und einen demokratischen Staat aufzubauen.

Die Massenmedien erklärten, dass Assad zu stürzen, aufgrund tausender Fehler von involvierten Ländern misslang. Sie behaupteten, dass dieser Länder nur Amateure und verwirrt seien. Diese Länder sind keine anderen als die Vereinigten Staaten, Frankreich, Großbritannien Türkei und den direkt von diesen Ländern beauftragten Ländern wie Saudi-Arabien, Katar und so weiter. Diese vereinfachte Erklärung kann ich ganz und gar nicht nachvollziehen, besonders wenn es sich um Millionen von Opfern und um menschliche Katastrophen handelt.

In seinem wertvollen Buch "Eine Nation zerstören: Der Bürgerkrieg in Syrien" stellt Botschafter Nikolaos Van Dam die Frage: "Hätte der Krieg in Syrien vermieden werden können?"
Er sagte:

> *"Wären die oppositionellen Kräfte nicht in der Weise unterstützt worden, wie sie waren, wäre die Revolution möglicherweise früher unterdrückt worden, mit weniger Opfern und das Regime hätte möglicherweise seine repressive Herrschaft für eine weitere unbestimmte Zeit fortgesetzt."*

Genau das ist in Ländern wie Ägypten passiert. In Ägypten konnten die Demonstrationen sogar das Regime stürzen, das schnell manövrieren und sich erholen konnte.

Ich versuche nicht, den Manövern und der Wiederherstellung totalitärer Regime Anerkennung zu zollen. Es gibt zwei Fälle, in denen ich dieses Buch nicht schreiben würde: Wenn die Länder, die die syrische Opposition unterstützten, zum letzten Schritt gingen, d. h. das Regime stürzten, oder wenn sie die Opposition überhaupt nicht unterstützten, verließen sie das ägyptische Szenario, um seinen natürlichen Platz in Syrien einzunehmen.

Was der Westen und die Türkei taten, war nur eine Beseitigung dieser Option. Ihre Rolle war darauf gerichtet, zu garantieren, dass sich die Revolution im syrischen Körper so weit ausbreitete, dass die Revolution die Amputation des ganzen Körpers bedeutete. Was in Syrien passierte, ist genau das, was der Botschafter als Titel für sein Buch "Zerstörung einer Nation" wählte.

Van Dam denkt, wenn ein Szenario wie das ägyptische im syrischen Fall passiert wäre:

> *"Eines Tages, in der Zukunft, mussten die Menschen, die unter den Gräueltaten des al-Asad-Regimes gelitten hatten, erneut zu einer gewalttätigen Abrechnung kommen."*

Ägypten verlor einige seiner mutigen Söhne, deren Zahl im schlimmsten Fall auf weniger als 0,0001 % geschätzt wird. Die Wirtschaft hat ein bisschen gelitten, dann wurde alles wieder gut gemacht. Wenn die Geschichte endet oder es weitere Episoden geben wird, ist das eine andere Diskussion.

Die Mehrheit der Syrer würde es nicht bereuen, als ein Land in die Geschichte einzugehen, in dem die Menschen ihr Leben gern als ein Preis bezahlen, was seine Freiheit mit ihrem Blut erreicht hat. Das war ihr Ehrgeiz, Teil ihrer Würde und ihres Selbstwertgefühls – das war ihr Ziel. Außerdem hat eine schwere Medienwelle vor und während der Revolution sie darauf vorbereitet, wie ich später erklären werde.

Der katastrophale Teil der Geschichte: Der Preis wurde bezahlt, aber die glorreiche Freiheit kam nicht. Die Syrer haben ihre Land verloren, aber sie sind das Regime nicht losgeworden.

Der Dialog über den Unterschied zwischen den ägyptischen und den syrischen Fällen handelt nicht von einem Film, den wir gesehen haben. Der Zuschauer saß nicht in einer luxuriösen Cafeteria und hätte sich wünschen können, dass der Film anders geschrieben oder geleitet worden wäre. Der Unterschied wird in Millionen von menschlichen Opfern gezählt. "Vorhersehbar, weil ich es vor sieben Jahren vorausgesagt habe, dass es keinen Weg gab, dies zu tun, und es würde ein totales Chaos verursachen", so Jeffrey Sachs, Direktor des Earth Institute an der Columbia University.

Dies war nicht nur ein Fehler, noch konnte es als Schätzfehler erklärt werden. Die nachrichtendienstlichen Kräfte, die diese Operation verwalteten, waren vereinfacht gesagt die ausgefeiltesten Geheimdienstorganisationen der Welt – nämlich die CIA, die mit französischen, britischen und natürlich türkischen, saudischen und anderen Organisationen zusammenarbeitete.

Anstatt diese Körperschaften zu leiten, um das größere Regime zu stürzen, verwiesen sie sie auf kleinere Körperschaften. Sie wandten sich dem Regime zu, das sie wiederum ignorierte. Sowohl das Regime als auch diese Gremien haben daran gearbeitet, den Syrern das Leben zur Hölle zu machen. Dies setzte sich fort, bis diese Gruppen die von ihnen besetzten Gebiete in der Türkei zurückließen und diese Gebiete mit sogenannten "Friedensabkommen" an das Regime übergaben. Dies waren nur Bühnenstücke, genau wie die Schlachten, in denen sie gegen das Regime kämpften. Assads Regime gab jeder dieser Gruppen die Chance, einen vorübergehenden Sieg zu erringen. Diese Gruppen hatten die Rebellion zerstört und seinem Regime mehr Popularität gegeben. Alles andere ist für das verlorengegangene Regime marginal und kann wiederhergestellt werden.

"Geberstaaten (wie die Vereinigten Staaten und die Türkei) gaben den syrischen Militärkommandanten manchmal gleichzeitig widersprüchliche Anweisungen in Kämpfen gegen den Islamischen Staat und drohten, ihre Militärhilfe zu stoppen, wenn ihren Anweisungen nicht weiter gefolgt werden würde. Syrische Kommandeure beklagten sich auch über den Mangel an relevanten militärischen Informationen, die rechtzeitig von ihren ausländischen Unterstützern hätten

bereitgestellt werden können, und über den Mangel an ausreichender Munition (die sie gelegentlich als eine Art "Tropffütterung" bezeichneten). Oppositionskommandeure fühlten sich manchmal betrogen."

"Westliche Kritik an der militärischen Opposition wegen mangelnder Koordinierung war daher nicht gerechtfertigt, da dies auf mangelnde militärische Koordinierung im Westen zurückzuführen war."[15]

---

[15] Destroying a Nation: The Civil War in Syria, by Nikolaos Van Dam, pp 2018.

Die Meister von Syrien

Am 17. April 1946 erhielt Syrien seine Unabhängigkeit vom französischen Mandat. In der Folge erlebte das unabhängige Land eine Serie von Militärputschs.

Der erste Militärputsch in der modernen syrischen Geschichte wurde vom dem Oberhaupt der syrischen Armee, Husni al-Za'im, angeführt. Es stürzte die demokratisch gewählte Regierung des Landes. Dieser Coup wurde von der CIA organisiert.

Hashim al-Atassi kam 1949 durch einen Putsch unter Sami al-Hinnawi an die Macht, der für einen Tag als Präsident fungierte. Es dauerte ein Jahr, bis ein weiterer Staatsstreich unter Führung von Adib Shishakl Al Atassi stürzte .

Im Februar 1954 stürzte ein weiterer Staatsstreich die Regierung von Adib Shishakl, nachdem er einen Tag lang an der Macht geblieben war.

Syrien wurde zur nördlichen Region der Vereinigten Arabischen Republik, die 1958 Ägypten und Syrien vereinigte. 1961 brach ein weiterer Staatsstreich die vereinte Republik auf und stellte eine unabhängige syrische Republik wieder her.

Der Putsch von 1963 brachte die Ba'ath-Partei an die Macht. Es wird von der syrischen Regierung als "Revolution vom 8. März" bezeichnet. Er wurde von einem ähnlichen irakischen Militärputsch inspiriert. Es gab viele Berichte und Beweise, die die Beteiligung der amerikanischen Regierung und der Sowjetunion bei der Ermöglichung des irakischen Putsches bewiesen, der sein syrisches Gegenstück inspirierte.

Der Putsch von 1966 kam, nach den Ereignissen zwischen dem 21. und 23. Februar. Es endete mit dem Ersatz der Regierung. Das Nationale Kommando der Baath-Partei wurde vom Militärausschuss der Partei und ihrem Regionalkommando aus der Macht enthoben.

"Es war nie einfach, Syrien zu regieren, wie die Kommandanten der Strafexpeditionen von Titus bis zum letzten General der Osmanen bestätigen konnte. Zwei Jahre nach dem Mandat des französischen Völkerbundes über Syrien und den Libanon bereiste eine schottische Reisende, Helen Cameron Gordon, das Land und beschrieb später Bedingungen, die jeden souveränen, ausländischen oder lokalen Staat erschüttern würden. Sie schrieb: 'Ihre Bewohner bestehen aus mindestens einem Dutzend verschiedener Rassen, hauptsächlich aus Asien und noch schlimmer aus etwa dreißig religiösen Sekten, die alle misstrauisch und eifersüchtig aufeinander sind'

Sir Mark Sykes, in seinem Buch "Dar Ul-Islam: Eine Aufzeichnung einer Reise durch zehn der asiatischen Provinzen der Türkei (1904)", hatte er ähnliches beobachtet:

Die Bevölkerung Syriens ist so unharmonisch, mit solch einer Ansammlung von sehr verschiedenen Rassen in Blut, Glaubensbekenntnisen und Gewohnheiten, diese Regierung ist sowohl schwierig als auch gefährlich."[16]

Der Staatsstreich von Hafez al-Assad am 13. November 1970 war der letzte Staatsstreich in Syrien. er nannte es "Die Korrekturbewegung" ".

Hafez Al Assads Coup war kein Einzelfall, in dem die Planer eines Putsches nach mehreren Putschversuchen jahrzehntelang die Macht ergreifen. Viele Länder haben genau dieses Szenario erlebt, wie z.B. der Putsch in Irak, Libyen, Venezuela, Algerien, Nordkorea usw.

Das wirft ein paar Fragen auf: Wie konnten diese Militärgouverneure für Jahrzehnte die Macht ergreifen? Haben sie spezielle Techniken benutzt, um die häufigen Coups zu beenden?

Wie können wir erklären, dass sie das fast zur selben Zeit taten? Haben sie gerade voneinander gelernt oder gibt es einige Entitäten, die ihnen dieselben Anweisungen gegeben haben?

Assads Familie z.B. gehört einer Minderheits-Sekte an, die im Laufe ihrer Geschichte stark diskriminiert wurde. Die syrische Gemeinschaft ist eine komplizierte, die viele widersprüchliche Sekten, Stämme und Clans enthält. In einem Land wie Syrien, wo die Menschen sehr rassistisch sind, hat eine Familie

---

[16] Charles Glass, Syria Burning: A Short History of a Catastrophe. ISBN-13: 978-1784785161

wie die Assad-Familie keine Chance, die Syrer auf halb-königlichem Weg über Jahrzehnte ohne sehr intelligente Methoden zu regieren.

Laut der Newsweek:

"Nach Nassers Niederlage der alten Kolonialherren der Region - Großbritannien und Frankreich - in der Suez-Krise von 1956 strömten russische Waffen und Geld in die Region. Sowjetische Ingenieure stauten den Nil in Aswan auf und halfen beim Bau moderner Städte in Syrien und im Irak unter Führung der Baath-Partei. Zur gleichen Zeit studierte eine ganze Generation arabischer Offiziere, Ärzte und Fachleute in Moskau - einschließlich des zukünftigen ägyptischen Präsidenten Hosni Mubarak und Haftar, der in den 1970er Jahren nach dem Abschluss der Militärakademie Benghazi in der Sowjetunion ausgebildet wurde. KGB-Generäle halfen beim Aufbau der Sicherheitsdienste von Libyen, Algerien, Ägypten, Irak und Syrien im Bild der sowjetischen Geheimpolizei. In dem Bestreben, den kommunistischen Dominoeffekt im Nahen Osten zu stoppen, warf Washington Geld auf das Problem. Israel, Saudi-Arabien und Ägypten wurden - nach Nassers Sturz - zu Hauptempfängern der US-Militärhilfe. Die Türkei, seit 1952 NATO-Mitglied, beherbergte amerikanische Flugzeuge, Kriegsschiffe und, höchst kontrovers, Jupiter-

Mittelstreckenraketen. [...] Moskaus wichtigster Verbündeter war Palästinenserführer Mahmoud Abbas, der in den 1970er Jahren an der Universität für Völkerkunde in Moskau promoviert wurde. Israelische Forscher haben sich auf Dokumente berufen, die der KGB-Archivar Vasili Mitrokhin 1991 aus Russland geschmuggelt hatte. Sie ehaupten, dass Abbas vom sowjetischen Sicherheitsdienst unter dem Codenamen "Krotow" rekrutiert wurde - obwohl palästinensische Beamte die Behauptung als israelische Lüge abtaten. Agent oder nicht, Abbas "mag die Russen, er will ihnen gefallen", sagt Ziad Abu Zayyad, ein ehemaliger palästinensischer Minister und Verhandlungsführer. [...] Einer nach dem anderen begannen Moskaus Verbündete zu fallen. Der irakische Saddam Hussein - der zeitweise Unterstützung der USA erhalten hatte - war der erste. [...] Kairo ist seit langem ein wichtiger militärischer, nachrichtendienstlicher und diplomatischer Partner für Washington. Als Empfänger der zweitgrößten US-Militärhilfe setzte Ägypten diese Partnerschaft fort, auch als die Beziehungen zu Obama nach Sisis Machtübernahme im Jahr 2013 angespannt waren. Wärendessen enge Beziehungen zu Washington bestehen blieben, hat Ägypten auch Moskaus neuen Status durch die Durchführung eines Militär Trainings für

Russland im vergangenen Jahr anerkannt. Für den Kreml war dies die erste militärische Übung in Afrika. Im vergangenen November signalisierte Ägypten auch seine Unterstützung für Putin, indem es als eines von nur vier Ländern die russische Resolution zu Syrien in den Vereinten Nationen unterstützte. Moskau hat seinerseits versucht, die Sanktionen gegen Libyen aufzuheben, wo Haftar, Sisis Verbündeter, immer noch darum strebt, der militärische Stärkste des Landes zu werden. „Putin wird sich verpflichten, [Sanktionen] zu widerrufen", sagte Haftar Reportern nach seiner Videokonferenz im Januar mit Shoigu auf Russlands Flugzeugträger."[17]

Meiner Meinung nach können diese Führer und Familien, die an der Macht sind, solch einen Job nicht alleine machen. Egal wie charismatisch diese Führer sind oder wie schlau sie sind, Muammar Al Gaddafi, Hafiz Al Assad oder Saddam Houssein können nicht ohne fremde Hilfe etwas so kompliziertes bewältigen und ihren Nationen halb-königlich kontrollieren.

Die Gefahr in einer solchen Situation liegt in der Tatsache begründet, dass der Präsident vollständig von den Einheiten abhängig ist, die die Fähigkeiten seiner Dienste und Direktionen trainieren, qualifizieren und aktualisieren. Die Macht des Präsidenten beruht

---

[17] http://newsweek.com/how-russia-became-middle-easts-new-power-broker-554227

lediglich auf den organisatorischen Fähigkeiten dieser Entitäten, die von einer ausländischen Macht geschaffen und aktualisiert werden. Die Chance des Präsidenten, "Nein" zu einer Anweisung zu sagen, die von seinem "Paten" kommt, ist fast Null. Die Fähigkeiten der Sicherheitsdienste auf Vordermann zu bringen ist eine konstante Arbeit und keine einmalige Aufgabe. Es muss immer entsprechend den lokalen und globalen Entwicklungen und der ununterbrochenen Überwachung aller Arten von neuen Methoden aktualisiert werden.

Wenn der Sponsor sich jedoch verpflichtet hat, den Präsidenten zu schützen und seine Familie an der Macht oder am Wohlstand zu halten, warum sollte eine solche Familie "nein" sagen oder überhaupt darüber nachdenken was sie tun, egal wie verrückt die Anweisungen tatsächlich sein könnten?

Die Assad-Methode, um an der Macht zu bleiben

In diesem Kapitel beschreibe ich einige Techniken, die das Assad-Regime benutzte, um die Möglichkeiten eines Putsches zu minimieren, der ihm die Macht weg nehmen könnte , und garantierte, dass die Familie Assads Syrien jahrzehntelang halb-königlich regieren konnte.

Die Multiplikation der Sicherheitsdienste

Hafez Al Assad (Der Vater von Bashar) hatte viele Sicherheitsdienste. Er hatte einige von vergangenen Regierungen geerbt und andere neu erschaffen. Seine wichtigsten 4 Sicherheitsdienste waren:
• Der Sicherheitsdienst für allgemeine Aufklärung (Amn Addawlah). Sie wurde wenige Monate nach der Machtübernahme von Hafiz Al Assad gegründet[18].
• Der militärische Nachrichtendienst von Syrien (Al-Mukhabarat al-'Askariyya). Dieser wurde 1969 gegründet. Hafez Al Assad war der damalige

---

[18] Hizbollah–Syrian Intelligence Affairs: A Marriage of Convenience, a study by Carl Anthony Wege, College of Coastal Georgia.
http://scholarcommons.usf.edu/cgi/viewcontent.cgi?article=1097&context=jss

Verteidigungsminister. Ihre Wurzeln reichen bis in die französische Mandatszeit (1923-1943) zurück.

• *"Das Direktorat für politische Sicherheit (Idarat al-Amn al-Siyasi) überwacht das Land und sucht nach Anzeichen für eine politische Oppositionspolitik. Ihre Rolle überschneidet sich in gewissem Maße mit der des 'generellen Sicherheits' (oder Interligenz) -Dienstes (Idarat al-Amn al-'Amm), dem wichtigsten zivilen Geheimdienst des Landes. Letzterer hat auch eine externe Sicherheitsabteilung, die der 'US-Central Intelligence Agency' entspricht, sowie eine Palästina-Abteilung, die die Aktivitäten palästinensischer Gruppen in Syrien und im Libanon überwacht. "*

• *Der vierte Nachrichtendienst, der Luftwaffengeheimdienst (Idarat al-Mukhabarat al-Jawiyya), ist nur nominell an die Luftwaffe gebunden. Seine Rolle als mächtigster und gefürchtetster Geheimdienst in Syrien kommt von der Tatsache, dass Hafez al-Assad einst Luftwaffenkommandant war und später den Luftwaffengeheimdienst in sein persönliches Einsatzgebiet verwandelte. Neben der Nachrichtendienstarbeit hat das Direktorium zahlreiche terroristische Operationen im Ausland unterstützt."[19]*

Jede der oben genannten Direktionen hat eine Niederlassung in jeder der 14 syrischen Provinzen, neben mehreren Einheiten in großen Städten.

---

[19] http://www.faqs.org/espionage/Sp-Te/Syria-Intelligence-and-Security.html

Es wird erwartet, dass es eine Art Rollenverteilung unter diesen Direktionen gibt, aber das ist nicht die Situation. Jeder dieser Dienste erhielt die uneingeschränkte Macht, alles zu überwachen und zu melden, was geschah. Zum Beispiel, die Rolle der "Palästina-Abteilung" ist nicht wirklich nur "die Aktivitäten palästinensischer Gruppen in Syrien und im Libanon" zu überwachen. Diese Abteilung ist bekannt als die brutalste Abteilung, die Tausende von Syrern gefoltert hat, die nicht notwendigerweise mit Palästina oder dem Libanon verbunden waren.

Meiner Meinung nach bestand das Ziel, mehrere Divisionen zu schaffen, darin, aus diesen Diensten Beobachter zu machen, die nicht nur potentielle Bedrohungen der Macht des Regimes beobachten, sondern sich gegenseitig beaufsichtigen.
Jeder General oder Direktor dieser Direktionen könnte Opfer von Berichten eines kleinen Spions in einer anderen Direktion werden. Mit dieser Technik könnte das Assad-Regime die Möglichkeit eines möglichen Putsches oder einer Rebellion minimieren. Es schuf erschreckende Direktionen, die die Bürger terrorisierten. Die Leute die andere terrorisierten, wurden jedoch daher auch selbst von ihren Kollegen terrorisiert.

Die oben beschriebenen Direktionen waren die Geheimpolizei. Es gab die reguläre Polizeidirektion, die für die regulären Angelegenheiten zuständig war und viel weniger Macht hatte als die Geheimpolizei. Andere Geheimpolizei-Abteilungen wurden in Bashar

Al Assads Ära hinzugefügt, wie etwa die Anti-Terror-Abteilung oder die Anti-Drogen-Abteilung. Wiederum waren sie nur eine Kopie der Hauptdirektionen mit verschiedenen Namen aber derselben Funktion.

Durchbruch der potenziellen Opposition:

Dies ist die andere Taktik, die moderne Sicherheitsdienste entwickelten, um ihre Kontrolle über die Nationen zu vervollständigen. Es ist ein Schritt weiter. Es impliziert nicht zu warten, bis die Opposition entsteht, bevor man sich ihr stellt. Vielmehr versuchen die Sicherheitsdienste voraus zu sagen wo eine Opposition entstehen könnte,, sodass jede "potentielle" Bewegung in den allerersten Stadien ausgelöscht und durchbrochen werden kann. In jeder möglichen Rebellion sollte es Insideragenten geben, und in einigen Fällen spielen diese Agenten sogar die Hauptrolle beim Beginn der Rebellion selbst. Dies ist eine sehr fortgeschrittene Taktik, aber auch sehr schlau. Während der Jahre der syrischen Revolution wurden Tausende solcher Doppelagenten entdeckt. Einige von ihnen waren die Hauptauslöser und Anführer der Rebellion.

In einem fortgeschrittenen Stadium dieses Prozesses begannen die Dienste, einige Fraktionen und Bewegungen parallel zu den natürlichen zu erschaffen und ihnen Macht oder Legitimität zu geben. Ich habe einige Beispiele erwähnt und werde andere im Rest des

Buches erwähnen. Wichtig ist hier: Diese "Trojanischen Pferde" müssen sich dieses Spiels nicht unbedingt bewusst sein. Sie spielen ihre Rolle von Natur aus. Die Dienste gaben ihnen viele Möglichkeiten. Sie provozieren die Medien, um Aufmerksamkeit zu bekommen und um bekannter zu werden. Es verhindert, dass ihr Konkurrent bekannter wird, indem er sie ermordet, verhaftet oder andere Wege benutzt. Die moderne Strategie lautet: ‚Es wird immer Widerstand geben, und das können wir nicht verhindern. Lasst uns also etwas Opposition selbst erschaffen, damit wir es kontrollieren können, während wir den Einfluss der tatsächlichen Opposition minimieren, über die wir weniger Kontrolle haben.'

Dies ist eine gängige Methode, die von fast allen internationalen Geheimdiensten angewendet wird. In diesem Buch habe ich viele Beispiele dieser Technik erwähnt, zum Beispiel von den Vereinigten Staaten, dem syrischen Regime, dem irakischen Regime und anderen Ländern...

Gedankenkontrolle

Die dritte Technik, die die außergewöhnliche Position von Assads Familie garantierte, war die Gedankenkontrolle. Ich werde nicht außführlicher darauf eingehen, da es warscheinlich ein komplett anderes Buch brauchen würde, um es zu beschreiben. Das Lesen von George Orwells "1984" kann die Szene jedoch weitgehend beschreiben. Es gab zwar keine " "Teleschirme", aber die Syrer hatten den Eindruck, dass sie existierten. Es gab ein populäres Sprichwort, das sagte: "Nicht sprechen, die Wände haben Ohren". Das syrische Regime kontrollierte alle Medienquellen. In der Zeit von Hafez Al Assad gab es 3 Hauptzeitungen, die ausschließlich der Regierung und der Al Baath Partei gehörten. Sie wurden von den Geheimdiensten geleitet. Fotos des "Großen Bruders" und seiner inspirierten Sprüche gab es überall: an Wänden, auf der ersten Seite jeder einzelnen Publikation, sogar Schulbücher für Kinder.

Die Loben von der "Korrekturbewegung" wurde in jeden Lehrplan eingefügt, einschließlich der Biologiebücher der 3. Klasse. Während der ersten zwei Jahrzehnte von Assads Macht hatten die Syrer einen einzigen Fernsehkanal, der 12 Stunden am Tag ausgestrahlt wurde. Später kam ein weiterer in englischer Sprache auf den Markt, der ungefähr 6 Stunden am Tag gesendet wurde. Bis zum Ende des letzten Jahrhunderts hatten die Syrer kaum eine andere Quelle für visuelle Medien oder Nachrichten. Assads exklusive Kanäle strahlten nur die Materialien aus, die den "Big Brother" und somit die einseitige Sicht der Regierung lobten. Die sowjetischen Fingerabdrücke waren klar sichtbar bei der Schaffung eines solchen Medienkontrollsystems. Es war genau so, wie sie es in Schwesterländern wie dem Irak, Libyen, Algerien und so weiter bereits getan hatten.

Die extremen brutalen Ereignisse von Hama 1982 garantierten die notwendige Angst, die es brauchte um Syrer von jeglichem oppositionellen Denken fernzuhalten. Die schnelle und intensivierte Brutalität hielt ängstliche und widerwillige Bürger vor jeglicher politischer Aktivität gegen die Regierung ab. Sie waren auch bestrebt, ihren Kindern von klein auf beizubringen "die Heimat und ihren Meister, den großen Bruder zu lieben". Davon Abstand zu nehmen, konnte bedeuten, diese Kinder an unbekannten Orten zu verlieren, wo "sie sterben wollen, aber nicht können".

Egal was die Ereignisse der 80er Jahre an Opfern brachten oder was genau dort geschah, die Gerüchte, die die Syrer glaubten, reichten aus, um sie jahrzehntelang ohne Probleme zu domestizieren.

Die internationale Schwäche während der syrischen Existenz im Libanon erneuerte die Überzeugungen der Syrer. Es versicherte ihnen, dass die ganze Welt ihrem Diktator folgte. Einige der Syrer begannen, diese Macht mit göttlichen Kräften zu verbinden und waren davon überzeugt, dass Assad ein Frankenstein-Monster war, das nicht besiegt oder gestürzt werden konnte.

Als das Internet und der Satellitenempfang zum Leben erwachte, war es zu spät. Assad hatte bereits eine volle Generation einer Gehirnwäsche unterzogen gehabt. Selbst als ein Teil der Nation informiert und aufgeklärt wurde, blieb die Mehrheit der Nation dem "Großen Bruder" und seiner inspirierten Familie treu. Es gab jedoch ein zunehmendes Gefühl, dass die Dinge nicht lange so bleiben konnten. Einige Maßnahmen mussten ergriffen werden, um den Verlust der Kontrolle über die Nation zu verhindern.

Der syrische Spielplatz

Die Spieler, die Gewinner und die Verlierer

Einführung

In dem Vorfall, den das Magazin Foreign Policy "den größten Korruptionsskandal in der modernen Geschichte" nannte, hieß es:[20]

> *"4,5 Millionen Dollar wurden in der Residenz von Suleyman Aslan, dem Direktor der [türkischen] staatlichen Halkbank, und 750.000 Dollar im Haus von Baris Güler, dem Sohn des ehemaligen Innenministers, gefunden.*
> *Alle 52 Personen, die an diesem Tag inhaftiert wurden, waren auf unterschiedliche Weise mit der regierenden Partei (AKP) verbunden.*
> *Die Staatsanwaltschaft beschuldigten 14 Personen - darunter Aslan, Zarrab und mehrere Familienmitglieder der Kabinettsminister der Bestechung, der Korruption, des Betruges, der Geldwäsche und des Goldschmuggels. Die Whistleblower, die die Polizei informierten, behaupteten, dass der Sohn [oder zwei Söhne[21]] des damaligen Premierministers (jetzt Präsident) Recep Tayyip Erdogan an der Reihe sei. Durch die Veröffentlichung von Tonaufnahmen auf Youtube wurde eine Welle der Empörung*

---

[20] https://foreignpolicy.com/2015/01/06/why-turkeys-mother-of-all-corruption-scandals-refuses-to-go-away/
[21] http://haber.sol.org.tr/devlet-ve-siyaset/erdogan-oglunu-koruyor-sorusturma-savcidan-alindi-haberi-84919

---

ausgelöst. *Laut den Berichten hat Erdogan seinen Sohn Bilal in ihnen aufgefordert, Dutzende von Millionen von Dollars dringend loszuwerden. Erdogan hat behauptet, dass die Aufnahmen eine Montage waren, aber die Experten hatten eine andere Meinung. [...] Im Zuge der Ermittlungen beschlagnahmte die Polizei etwa 17,5 Millionen Dollar in bar, welches angeblich für Bestechungen verwendet wurde.*

"So funktionierte es: Die Türken exportierten zwischen März 2012 und Juli 2013 rund 13 Milliarden Dollar Gold direkt nach Teheran oder durch die VAE. Im Gegenzug erhielten die Türken iranisches Erdgas und Öl." [22]

„Der am Donnerstag entlassene Staatsanwalt behauptet, die Polizei habe einige Verhaftungen nicht durchgeführt, darunter die eines saudischen Geschäftsmanns namens Yusuf Al Qadi, der mit al-Qaida in Verbindung steht und Zugang zu hochrangigen Sicherheitsbeamten hat." [23]

"Yusuf Al Qadi und Osama Khoubub, die zu den Verdächtigen einer großen Graft-Probe gehören und im Verdacht stehen Al-Qaida Mitglieder zu sein, sind Berichten zufolge aus

---

[22] https://foreignpolicy.com/2013/12/26/irans-turkish-gold-rush/
[23] https://www.businessinsider.com/recap-of-corruption-scandal-in-turkey-2013-12?IR=T
http://www.todayszaman.com/news-335038-report-al-qaeda-suspects-flee-after-turkish-govt-blocks-raid.html

---

der Türkei geflohen, nachdem die Partei für Gerechtigkeit und Entwicklung (AK) am Mittwoch eine Polizeirazze blockiert hatte mit Anweisungen von Staatsanwälten, mehrere Verdächtige im zweiten Teil der Untersuchung festzuhalten. [...] Das Vermögen des saudischen Geschäftsmanns Al Qadi wurde in der Türkei eingefroren, nachdem er in der internationalen Gemeinschaft zu einem Finanzierer des Terrorismus ernannt wurde. In Nachrichtenberichten wird darauf hingewiesen, dass der Al-Qaida-Verdächtige ungehindert in die Türkei einreisen darf und Zugang zu hochrangigen Diplomaten und Sicherheitsbeamten hat, darunter den Unterstaatssekretär der Nationalen Geheimdienstorganisation (MİT) Hakan Fidan."[24]

Der interessante Teil dieser Geschichte ist, dass zu dieser Zeit arabische Medien diesen Vorfall kaum behandelten. Fast kein arabischer Medienverfolger wusste davon. Selbst westliche Medien haben es viel vorsichtiger behandelt als ähnlichen Themen, bei denen es sich um Erdogan handelt.

Zu dieser Zeit waren arabische Medien damit beschäftigt, Erdogan als den "inspirierten Führer der

---

[24] http://www.todayszaman.com/news-335038-report-al-qaeda-suspects-flee-after-turkish-govt-blocks-raid.html
http://www.silviacattori.net/spip.php?article5219

islamischen Welt" und den "Löwen der Sunniten" zu werben, welche die Rechte der Muslime auf der ganzen Welt verteidigen und den Ruhm des Kalifats der sunnitischen Muslime wiederherstellen würden, für welches sie sich seit langer Zeit sehnten.

 Selbst Medien, die Assad unterstützen, haben es weitgehend vermieden, dieses Thema zu behandeln, obwohl ihnen normalerweise jede Entschuldigung willkommen ist, Erdogan anzugreifen. Sie produzieren Kontroversen, wenn sie keine finden. Diese Medien betrachten die syrische Revolution als eine Verschwörung gegen das Assad-Regime, mit der Türkei als Hauptanführer dieser Verschwörung. Der Grund dafür, dass dieser Skandal überhaupt nicht erwähnt wurde, liegt darin, dass der Iran als Mutter des Assad-Regimes und als Hauptsponsor und Unterstützer betrachtet wird. Die Beziehung zwischen dem Iran und Assads Regime ist tief und alt und wird durch starke wirtschaftliche, historische und sogar sektiererische Gemeinsamkeiten unterstützt.

Es hat Jahre gedauert, bis die Präsidenten der Türkei, Irans und Russlands sich öffentlich trafen. Während der ersten fünf Jahre der syrischen Krise agierten sie als Feinde und die Medien trugen ihren Teil dazu bei, diese Fiktion zu betonen. Dieser Skandal hat jedoch gezeigt, was hinter den Kulissen vor sich ging.

Wie das türkische Regime die syrische Krise erschuf

Obwohl die Medien selten die Türkei erwähnen, wenn sie über die syrische Krise sprechen, es sei denn als "unschuldiges neutrales Nachbarland" und eines der "Kriegsopfer", dreht es sich bei der syrischen Krise hauptsächlich um die Türkei: Keine Türkei = keine Krise = kein IS[25] [iii]= kein Krieg[iv]!

---

[25] Lesen Sie Charles Glasses Buch: „Syria Burning: A Short History of a Catastrophe": "Die Türkei ist nicht der einzige Wegbereiter der islamistischen Fundamentalisten, die seit 2011 Syrer, Iraker und Westler entführt und ermordet haben. Zwei weitere Nahost-Verbündete der Vereinigten Staaten und Großbritanniens, nämlich Katar und Saudi-Arabien, finanzierten die Gruppen, aus denen ISIS entstand. "

Der amerikanische Vizepräsident Joe Biden hat das John F. Kennedy Forum der Harvard University ebenso aufgenommen:

"Und mein ständiges bedauern ist, dass unser größtes Problem unsere Verbündeten sind - unsere Verbündeten in der Region, in der unser größtes Problem bestand: Syrien. Die Türken waren gute Freunde - und ich habe eine gute Beziehung zu [Erdogan.] Ich habe erst gerade viel Zeit mit den Saudis, den Emiratis usw. verbracht. Was haben sie gemacht?

Sie waren entschlossen, Assad zu Fall zu bringen und im Wesentlichen einen sunnitisch-schiitischen Krieg zu führen. Was haben sie getan? Sie schütteten Hunderte von Millionen von Dollars und Zehner, Tausende von Tonnen in jeden, der gegen Assad kämpfen würde, nur dass die Leute, die dadurch finanziert wurden, Al-Nusra und al-Qaida und andere extremistische Elemente und Dschihadisten aus allen Teilen der Welt waren. "

Was Biden versäumte zu sagen, war, dass Amerikas Verbündete diese Politik mit dem Wissen der Vereinigten Staaten durchführten, welche nichts dagegen unternahmen. Die Waffen

Seit dem ersten Tag der Krise waren das türkische Verhalten und das Verhalten des syrischen Militärs gleich; die ungerechtfertigten extremen, brutalen Verhaltensweisen traten parallel auf, die Öffnung der Grenzen für Waffen und Kämpfer sowie die Organisation der finanziellen Unterstützung von den arabischen Golfstaaten [v]. Während die Waffen und Kämpfer zu Tausenden mit Schwerlastfahrzeugen ins Land kamen und das Regime und die russischen Flugzeuge die Zivilbevölkerung unaufhaltsam angriffen, gab es keine gemeldeten Fälle, in denen diese Flugzeuge die Bewegung der Kämpfer und deren Waffen angriffen, die kontinuierlich aus der Türkei kamen.

In seltsam umfassender Koordination mit dem Assad-Regime schuf die Türkei die syrische Krise und kontrolliert sie bis heute:

•   Zuerst förderte die Türkei die Krise, indem sie den Syrern (vor allem der sunnitischen Mehrheit) klare Botschaften schickte, sie sollen ihre Revolution starten, wobei sie klar und systematisch versprachen, dass die Türkei sie nicht im Stich lassen und sie als

---

für die Fanatiker wurden in den USA hergestellt, und der amerikanische Geheimdienst in der Türkei wusste, welche Rebellen die Türkei, Katar und Saudi-Arabien unterstützten. Darüber hinaus waren die treibenden Kräfte innerhalb des IS, einschließlich seines führenden Anführers Abu Bakr al-Baghdadi, Absolventen des amerikanischen Gefängnissystems im Irak, wo zuvor unpolitische sunnitische Muslime radikalisiert wurden. "

Muslime, sunnitische "Brüder" und als Freiheitsuchende unterstützen würde!

• Dann wurden die Grenzen systematisch für Kämpfer aus der ganzen Welt geöffnet, mit unbegrenzten Mengen an Waffen, geheimer Finanzierung aus dem globalen Schwarzmarkt, um bestimmte Fraktionen kontrolliert ferngesteuert zu unterstützen, und nur, um präzise entwickelte, geheime Ziele zu erreichen. Das türkische Regime erleichterte auch den Aufstieg des IS, zum Beispiel durch die Öffnung der Grenzen und das Unterlassen jeglicher Kontrolle über menschliche oder logistische Bewegungen, womit sie den Start, das Überleben und das Wachstum des IS garantierten.

• Präzise Filterung der Hilfe und Unterstützung ermöglichte es, die Situation zu erschweren und zu verschlechtern, während ein Boykott von Hilfe oder Waffen die Krise hätte beenden oder sogar zur Aufgabe der Tyrannei hätte führen können[26].

---

[26] Alle Arten von Schwerlastfahrzeugen und finanzierten Waffen konnten ungehindert die Grenzen in beide Richtungen überqueren, während gegnerische Flugzeuge sehr genau beobachtet und verboten wurden. Darüber hinaus wurden die bewaffneten Kämpfer durch Drohungen unter Kontrolle gehalten, z.B. Streichung der finanziellen Unterstützung oder Ermordung. Diejenigen, die loyal den Befehlen Folge leisteten, wurden kontrolliert und von Angriffen auf Assad abgehalten, mit

Indem es dieses Spiel spielt, scheint das türkische Regime in vielerlei Hinsicht riesige Gewinne zu erzielen, was ihm ermöglichte, buchstäblich 23 Millionen Syrer zu entführen, zu erpressen und über sie mit der Welt zu verhandeln, während es inzwischen von unbegrenzten Quellen profitiert:

- Monopolisierung des Handels von Nord-Syrien, einschließlich der Bewegung der kommerziellen, finanziellen Transaktionen oder sogar menschlicher Hilfe!

- Sperrung der Grenzen, so dass die Syrer in echter Not große Schmiergelder an die türkische Polizei-Mafia zahlen müssen[27], um auf ihrem Weg nach Europa oder zum Rest der Welt in die Türkei gelassen zu werden.

Ausnahme von genau geplanten Ereignissen, was wiederum zu jahrelangen Krisen und Fehlschlägen beim Sturz des Regimes führte, wobei das auch durch die Ausnutzung verschiedener Polizisten möglich wurde.

[27] Bis zu mehreren tausend US Dollar pro Person, um hineinzukommen, und nochmal fast das Doppelte, um nach Europa ausreisen zu können. Keine Erstattung für den Fall, dass sie irgendwo gefasst werden oder Europa nicht erreichen konnten! Mehr dazu in Essay 4. Als ich diese Zeilen schrieb, zahlten einige **Syrer, die in Europa leben,** bis zu **20.000** US Dollar für versprochene, nicht garantierte Visa für die Türkei, um ihr Heimatland zu erreichen, weil sie es nicht wagen, den Weg von Assads Regime zu kreuzen.

- Der Einsatz und die Ausbildung von Söldnern zur systematischen Beseitigung syrischer Vermögenswerte: Fabriken, Einrichtungen usw., die Monopolisierung des Handels mit gestohlenen **syrischen Denkmälern und selbst die menschlichen Organe** der Syrer waren vor der türkischen Mafia nicht sicher. .

"Die syrische Beobachtungsstelle für Menschenrechte überwachte die Fortsetzung einzelner Razzien von Gruppierungen oder Mitgliedern der" Olivenzweig "-Operation, die von den türkischen Truppen geführt werden, und die illegal Schutzgeld von den Bürgern verlangt, sowohl als auch Lizenzgebühren von den Bauern und Händlern. Außerdem sammeln sie Geld von Zivilisten, wenn sie ihre Häuser berauben, indem sie deren Geld und Schmuck rauben, wenn sie irgendwelchen finden, und halten Busse auf den Haupt- und Nebenstraßen im Afrin Gebiet auf, die von dort zu Gebieten in Idlib und dem westlichen und nördlichen Land führen und Aleppo, und auferlegt den Passagieren Tantieme und verhindert, dass sie ihren Weg beenden, ohne Geld zu zahlen. Auch wird das Geld durch die Zahlung eines Lösegeldes an die Menschen gesammelt, im Gegenzug für die Freilassung ihrer Kinder aus

Gefängnissen. "[28]

- Exklusiver Einlass reicher Syrer, mit doppelten oder verdreifachten Kosten für Miete oder Wohnsitz, mit <u>zunehmenden täglichen Erpressungen</u> (steigende Aufenthaltsgebühren, Steuern, etc.).

- Profit durch die Hilfen von internationalen Organisationen, arabischen reichen Ländern und den Syrern in der Diaspora, die dann in den türkischen Banken, bei den Unternehmern und anderen Wirtschaftszweigen landen.

"Devisenhändler in türkischen Städten, die an Syrien grenzen, sagen, der IS habe seit Anfang letzten Jahres große Summen aus seinem Kalifat abgezogen. Das Geld fließt durch das Hawala-System, ein informelles Netz von Geldtransferbüros, das billig, schnell und fast unmöglich zu regulieren ist. Das Netzwerk der Hawala-Läden in Syrien und der Türkei hat sich seit dem Beginn des Syrienkrieges erweitert und erlaubt Flüchtlingen, Waffenhändlern, Ölschmugglern und Rebellengruppen, Bargeld in und aus dem

---

[28] http://www.syriahr.com/en/?p=100887

Land zu bringen. "[29]

- Zu guter Letzt, die Syrer als Teil ihres Spiels zur schamlosen Bedrohung Europas zu benutzen, man würde die Grenzen für die Flüchtlinge zu öffnen, wenn die Europäische Union die Türkei nicht als zukünftiges Mitglied akzeptiere! Indem sie eine effektive Verriegelung - für den Fall eines Beitritts - versprachen, erpressten sie die Europäer, das zu akzeptieren, was sie seit Ewigkeiten nicht wollten und verweigerten.

---

[29] https://www.economist.com/middle-east-and-africa/2018/02/22/islamic-state-has-been-stashing-millions-of-dollars-in-iraq-and-abroad

Hinter den Kulissen: Das koordinierte Spiel des russischen und türkischen Regimes bei der Erschaffung der syrischen Krise

"Der unwahrscheinlichste neue Freund des Kremls ist die Türkei, ein NATO-Mitglied und ein jahrhundertealter Feind Russlands".[30]

In den letzten Abhandlungen habe ich die mysteriösen, harmonisierten Aktionen zwischen dem Assad-Regime und später den russischen Streitkräften in Syrien mit dem, was von der türkischen Seite aus geschieht, erklärt. Die Streitkräfte Russlands und Assads behinderten keine Kämpfer oder Waffenkonvois, die vor den türkischen Grenzen fliehen mussten.

Seit Beginn der Syrienkrise gab es einen Dialog zwischen Russland und der Türkei. Es war wie ein "Totentanz", bei dem die Tänzer vorgaben sich einander zu nähern und sich gegenseitig umzubringen. Je gefährlicher die Situation zu werden schienen, desto "harmonischer" wurden die Tänzer in Wirklichkeit.

Mit diesem Spiel haben Russland und die Türkei den Löwenanteil der Vorteile des syrischen Krieges erhalten. Dieser Anteil bestand aus Hunderten von

---

[30] http://newsweek.com/how-russia-became-middle-easts-new-power-broker-554227

Milliarden Dollar und floss in beide Volkswirtschaften. Russland konnte dadurch seine alten Waffen, die noch seit dem Zweiten Weltkrieg gelagert wurden, loswerden.

In einer ihrer Erscheinungsformen war die syrische Krise im Jahr 2011 nichts anderes als eine Wiederholung früherer Szenarien in der modernen Geschichte. Russland beauftragte die Streitkräfte Assads, eine Situation ähnlich den Tschetschenienkriegen oder eine größere Form der Krise der 80er Jahre in Syrien zu reproduzieren. Russland nutzte diese Experimente als "Fallstudien" und betrachtete sie als "Erfolgsgeschichten", die es ihnen ermöglichten, Nationen jahrzehntelang ohne spürbaren Widerstand zu kontrollieren. Der Erfolg dieser Experimente würde nicht in der Region bleiben. Das Ergebnis würde dazu verwendet werden, andere Nationen zu kontrollieren und zu domestizieren, die sich daraufhin verpflichten würden, keinen Selbstmord "wie diese armen Syrer" zu begehen!
Um dieses Ergebnis zu erreichen, musste Russland nur seine alten Waffen in der sogenannten „Syrien Kampagne" loswerden.

"4 Millionen Dollar sind die täglichen Kosten der russischen Bombardierungskampagne in Syrien"[31]

---

[31] Ebd

Diese sogenannte "Kampagne" wurde mit klassischem Arsenal umgesetzt. Es ging darum, Tausende von TNT-Fässern aus veralteten Flugzeugen zufällig fallen zu lassen.

Die Mafias des russischen und türkischen Regimes erhielten den Löwenanteil der Vorteile des syrischen Krieges. Dies bestand aus Hunderten von Milliarden von Dollar. Mit politischen und steuerlichen Tricks würde dieses Geld auf den Konten der regierenden Mafias und ihren Söldnern enden.

Dieses Spiel war keine Modeerscheinung: 10 Jahre zuvor spielte das syrische Regime genau die gleiche Rolle mit dem Irak während des Krieges im Jahr 2003.

> *„Baschar al-Assad sind Kooperationen mit Radikalislamisten nicht fremd. Der syrische Geheimdienst schleuste ab 2003 junge Männer in den benachbarten Irak, um dort den Amerikanern das Leben schwer zu machen - bis Washington Damaskus mit Bombardierungen und einem Sturz des Regimes drohte."[32]*

Das syrische Regime öffnete die Grenzen für die Waffen und Dschihadisten aus Syrien und der ganzen Welt und begrüßte die Flüchtlinge mit ihrem privaten Reichtum, Denkmälern und Bargeld, die der Regierung oder Einzelpersonen gestohlen wurden. Mitglieder von Assads Clan kümmerten sich um einige

---

[32] http://www.spiegel.de/politik/ausland/syrien-dschihadisten-mit-knast-vergangenheit-im-krieg-a-926764.html

große Geschäfte, die den Reichtum von Saddam Husseins Familie auf libanesische Banken übertrugen. In der Zwischenzeit sicherten viele steuergesetzliche Änderungen die Gewinne, die syrische Individuen aus Geschäften mit Flüchtlingen erzielten, in die Staatskasse, was bedeutete, dass sie in die Taschen und Konten der korrupten Assad-Offiziere und Söldner flossen.

Der syrische Krieg ist kein getrenntes Stück Geschichte; es ist einfach eine Fortsetzung ähnlicher Fälle aus der Vergangenheit, entweder früherer Kriege wie im Irak oder in Afghanistan oder kommende, möglicherweise in der Türkei oder in anderen Teilen der Welt. Das Szenario und die Werkzeuge, um solche Kriege zu schaffen und von ihnen zu profitieren, sind die gleichen mit nur wenig Anpassung, je nach den Umständen des jeweiligen Falls.

Die rätselhafte Rolle von Katar und anderen GCC-Staaten:

Die Rolle von Katar in der syrischen Krise ist eine der rätselhaftesten. Ich verstehe die Gewinne, die Länder wie die Türkei oder Russland durch ihre Intervention in Syrien erzielen. Andere Länder wie die Vereinigten Staaten, Frankreich oder Großbritannien haben eine lange Geschichte der Geheimdienstarbeit und eine kolonialisierende Mentalität. Ihr Eingreifen ist auch verständlich. Jedoch ist die Rolle von Katar und anderen arabischen Golfstaaten sehr rätselhaft und nicht komplett klar.

> *"Die Führer von Doha waren besonders ermutigt durch die Revolte in Libyen, wo Katar die führende Rolle der Araber in der NATO-geführten Intervention gespielt hatte."*
> *"Ob in Bezug auf Rüstung oder finanzielle Unterstützung für Deserteure , diplomatisches Manövrieren oder Lobbying, Katar hat die Führung übernommen, indem sie ihren gasproduzierten Reichtum in die Verfolgung des Untergangs des Hauses Assad hinein steckent."*
> *"Katars Einfluss auf die militärische Versorgung der (syrischen) Rebellion könnte abnehmen, da seine Rolle bei Waffenlieferungen an zweiter Stelle gegenüber Saudi-Arabien steht. [...] Mustafa Sabbagh [...] gilt als der mächtigste Mann in der*

politischen Opposition. Der 48-jährige Generalsekretär der „National Coalition", der Eigentümer eines Baustoff- und Contractingunternehmens, [...] überwacht das Budget der Koalition, für das die Katarer die größten Geber sind. Sie sind " (für dass) Schreiben der Schecks verantwortlich " sagt ein westlicher Beamter.

Obwohl er sowohl von Freunden als auch von Kritikern als kluger Mann gesehen wurde, der an die geschäftstüchtige Einstellung der Qatar-Beamten appellierte, geriet Sabbagh in die Kritik, weil er seine Position angeblich dazu benutzt hatte, die Opposition und den weiteren katarischen Einfluss zu kontrollieren. [...] Die Dominanz der Opposition in Katar blieb auch nach der Koalition bestehen. Gewiss, die Muslimbruderschaft war nicht länger die Hauptkomponente, aber ein neuer Block von mehr als einem Dutzend Mitgliedern, der von Sabbagh als Vertreter der lokalen Gemeinschaften in Syrien eingebracht wurde, löste neue Unstimmigkeiten aus. Es wurde als ein weiterer Block gesehen, der gegenüber Katar loyal war. Jedes dieser Mitglieder sollte einen Gemeinderat in den verschiedenen syrischen Provinzen vertreten, und zusammen erhielten die Räte bald nach der Bildung der Koalition 8 Millionen Dollar von Katar. Katar war auch das erste - und möglicherweise das einzige - Land, das Mittel in Höhe von 20 Millionen US-Dollar für das Koalitionsbudget zur Verfügung stellte. Es lieferte die ersten 10 Millionen US-Dollar für ein 100 Millionen US-Dollar-Paket für die neue humanitäre Hilfsorganisation der Organisation." [33]

Zu Beginn der Revolution gab es viele Analysen von Rednern und Autoren, die das Eingreifen Katars und seiner Achsen mit Geschichten über Gas- und Ölpipelines erklärten. Es gab viele Gerüchte, die den Eindruck erweckten, dass dies die Wahrheit war. Das hat aber den syrischen Rebellen nichts ausgemacht. Sie wollten das Assad-Regime um jeden Preis stürzen. Sie wollten diese langen Jahrzehnte der Diktatur beenden und wussten, dass dies ohne internationale Hilfe nicht möglich war. Selbst wenn wir eine solche Erklärung akzeptieren, wie könnten wir andere Kriege wie die Kriege im Jemen erklären, wo es keine Gas- oder Ölpipelines gibt. Diese Kriege wurden von denselben Ländern zur gleichen Zeit mit den gleichen Werkzeugen und Methoden geschaffen.

Wenn es im Krieg um Gas oder Öl ging, sollten und könnten sich Assad und Russland ganz anders verhalten. Zumindest würden sie keine Babys töten oder die friedlichen Unschuldigen foltern müssen. Diese Anzeichen deuteten darauf hin, dass die Wahrheit irgendwo anders liegt als Öl, Gas oder eines der ähnlichen klassischen Ziele von regulären Kriegen.

---

[33] https://www.ft.com/content/f2d9bbc8-bdbc-11e2-890a-00144feab7de

Eine andere Erklärung geht davon aus, dass diese Länder, die von konservativen Regimen regiert werden, ständige "heilige Kriege" brauchen, um die Extremisten loszuwerden, die ihre Stabilität und Legitimität bedrohen könnten. Kriege wie Syrien, Afghanistan, der Irak, Bosnien und Thailand boten eine große Chance, Tausende von radikalen Kämpfern an Orte zu schicken, an denen sie glücklich sterben würden.

Dies könnte auch ein interessanter Punkt für westliche Länder sein. Die ständige Existenz von heiligen Kriegen trug in mancherlei Hinsicht zur Arbeit der westlichen Geheimdienste bei, entweder indem sie den "Freund-Regimes" wie den arabischen Golfstaaten halfen oder die Extremisten und ihre Aktivitäten beobachteten. Die täglichen Szenen in den Medien, die Radikale provozieren und ihr Fass zum überlaufen bringt, waren für diese Dienste sehr hilfreich.
Ich werde diesen Punkt auch noch auf eine andere Art und Weise erklären, um dies zu verdeutlichen, da es in dieser Hinsicht entscheidend ist. Wenn diese Kriege nicht religiöser oder konfessioneller Natur wären, würden sie diese radikalen Elemente nicht anziehen. Wenn diese Kriege nur klassische Kriege aus Öl-, Gas- oder wirtschaftlichen Gründen wären, ohne tägliche Nachrichten und Szenen von Vergewaltigung und Tötung von Kindern und ohne systematisch verbreitete Nachrichten, würden sie keine Milliarden von Dollar an Spenden aus der ganzen Welt anziehen. Dieses Geld, das von Einzelpersonen, Regierungen und Organisationen gespendet wird, wird nicht in den

Taschen der Syrer enden. Es wird auf Bankkonten in der Türkei landen oder irgendwo auf dem Weg verschwinden.

Länder wie Katar und die Vereinigten Arabischen Emirate sind kleine Länder mit nur kurzer Erfahrung mit Nachrichtendiensten. Außerdem haben sie genug Geld und müssen nicht in solche Industrien investieren, d.h. In die Rüstungsindustrie. War ihr Verhalten nur eine spontane Reaktion, motiviert durch einen abenteuerlichen Impuls, welcher zu einer Kettenreaktion führte? ? Waren sie Stellvertreter für andere Mächte, die sich hinter ihnen versteckt hatten und sie belehrten?

Wenn wir einen Schritt weiter gehen, könnten wir annehmen dass diese Kriege durch einige Komplexe Kartelle motiviert und vorangetrieben werden, die direkt von ihnen profitieren. Die Rechnungen solcher Kriege werden von den Steuerzahlern einiger Länder bezahlt, während das Geld auf dem Bankkonto eines engen Kreises von Waffenherstellern und Sicherheitsfirmen landet.

"Katars herrschende Familie, die Al-Thanis, haben keine ideologische oder religiöse Affinität zu den Islamisten - sie sind einfach nicht wählerisch in Bezug auf die Überzeugungen, die von nützlichen Freunden gehalten werden. Katar hat die Muslimbruderschaft in Ägypten und Tunesiens und die islamistische al-Nahda-Partei unterstützt, die nach den Volksaufständen die

ersten Wahlen gewann. " " Es ist diese Art von Dynamik und Risikobereitschaft auf Exekutiv-Ebene, die es Doha ermöglicht hat eine Regionalmacht zu werden, nur ein paar Jahre nachdem es ein diplomatischer Niemand war. "

"[Katar] war Gastgeber der größten militärischen Luftwaffenbasis der USA in der Region, unter Beibehaltung der herzlichen Beziehungen mit dem Iran; Sie unterhielten Kontakte zu Israel und unterstützten gleichzeitig die palästinensische Gruppe Hamas und die libanesische Hisbollah. "

"Eine Person, die das Denken des Emirs beeinflusst hat, ist Azmi Bishara, ein bekannter ehemaliger arabischer israelischer Parlamentsabgeordneter, der in Katar ins Exil geschickt wurde [...] Als Berater des Emirs und Kronprinzen wurde Bishara in Doha so etwas wie ein höfischer Intellektueller. Er soll an der Gründung der Syrischen Nationalen Koalition beteiligt gewesen sein, die heute die wichtigste Oppositionsgruppe ist, und dazu benutzt worden sein soll, um Oppositionelle zu "testen". [...] (Bishara war nicht für einen Kommentar verfügbar.) "[34]

Das Magazin Financial Times veröffentlichte einen sehr interessanten Bericht über die katarische Rolle in

---

[34] Ebd. https://www.ft.com/content/f2d9bbc8-bdbc-11e2-890a-00144feab7de

Syrien, der einige Jahre vor der Revolution bis zu den jüngsten Ereignissen begann.

Ich zitiere aus diesem Bericht die wichtigsten Meilensteine dieser Rolle, möchte jedoch die Aufmerksamkeit des Lesers auf ein wichtiges Thema lenken.

Was der Bericht beschreibt, ist nicht auf das katarische Verhalten in Syrien beschränkt. Wenn wir die Rolle von Saudi-Arabien und den Vereinigten Arabischen Emiraten in Ländern wie Ägypten, der Türkei, den Balkanstaaten, dem Jemen usw. untersuchen, sehen wir ein sehr ähnliches Szenario ...

Mit etwas Anpassung an die Bedingungen jedes Landes sind die Praktiken und Werkzeuge die gleichen. Diese Instrumente basieren hauptsächlich auf der Invasion des Ziellandes mit Investitionen in Medien, dem Finanzsektor, Spionageagenten, versteckt unter falaschen Titeln wie Wohltätigkeitsorganisationen, Geschäftsleuten und einer riesigen Tourismusbewegung ...

> "Es ist noch nicht lange her, dass Baschar al-Assad und seine Frau Asma regelmäßige Gäste in Doha waren, als Gäste des Emirs und seiner zweiten Frau Sheikha Moza. Qatari Institutionen waren große Investoren in Syrien, mit einer 5 Milliarden Dollar schweren gemeinsamen Unternehmen, das 2008 gegründet wurde, um alles von Kraftwerken bis zu Hotels zu entwickeln.

> *„Der Emir setzte sich auch für die internationale Rehabilitierung von Assad*

während seiner allmählichen Ausgrenzung durch die USA, Europa und seine arabischen Kollegen ein; Sheikh Hamad war maßgeblich an der Wiederherstellung der syrischen Beziehungen zu Frankreich in den Jahren vor dem Aufstand beteiligt, als er den ehemaligen Präsidenten Nicolas Sarkozy als Freund zählte. Damals war Syrien Teil eines Bündnisses - mit dem Iran und der libanesischen Hisbollah ".

➢ *"Während der blutigste Konflikt in der arabischen Welt weitergeht, hat sich Katar als treibende Kraft herauskristallisiert: Dutzende Millionen Dollar für die Aufrüstung der Rebellen. Aber Katar wird auch beschuldigt, sie geteilt zu haben [...] Katar hat viel Geld dazu beigetragen - von rebellischen und neutralen Quellen geschätzt auf etwa 1 Milliarde Dollar, aber von Leuten mit Nähe zur Qatar-Regierung auf bis zu 3 Milliarden Dollar . "*

➢ *"Aber die militärische Pattsituation des syrischen Aufstandes [...] hat auch die Rücksichtslosigkeit und politische Ohnmacht aufgedeckt, die letztendlich die Ziele Katars untergraben.*
"Die Katarer sind überfordert [...]", *kommentiert ein anderer Diplomat.*

➢ *"Da die Katarer versucht haben, die politische Opposition zu vereinen, indem sie sich für die Bildung der syrischen Nationalen Koalition (der Hauptfront) eingesetzt haben, wurden sie beschuldigt, sie zu spalten - genauso wie ihre Bemühungen, eine zersplitterte Rebellenarmee in eine kohärentere Form zu verwandeln, welche die Brigaden unter einem Kommando vereinigt hätte, was ebenfalls zu seiner Inkohärenz beigetrage hat."*

➤ *"Anfang 2012, als friedliche Proteste einer bewaffneten Opposition gewichen waren, suchte Katar nach leichten Waffen, kaufte Waffen in Libyen und in osteuropäischen Staaten und flog sie in die Türkei, wo die Geheimdienste ihnen dabei halfen, sie über die Grenze zu bringen. Zuerst sagten Leute mit direktem Wissen über die Waffenlieferungen, Katar arbeitete durch den türkischen Geheimdienst, um Empfänger zu identifizieren, und dann, als sich Saudi-Arabien den verdeckten militärischen Bemühungen anschloss, durch libanesische Vermittler. Das internationaleFriedensforschungsinstitut in Stockholm, das die Waffentransfers verfolgt, sagt, dass zwischen April 2012 und März dieses Jahres mehr als 70 militärische Frachtflüge von Katar in der Türkei gelandet sind. "*

➤ *"Im Verlauf des Konflikts arbeiteten die Qataris über Mitglieder der im Exil lebenden Muslimbruderschaft daran, Rebellenfraktionen zu identifizieren, die unterstützt werden sollten. Zum Beispiel, so sagen sie, haben sie sich mit den Brigaden von Farouq verbunden, eine der größten*

Mainstream-Fraktionen. Unterdessen sagten Oppositionsquellen, die Katarer hätten auch eigene Spezialeinheiten entsandt, um aufständische Gruppen zu finden. Leute, die im Waffengeschäft tätig sind, sagen, dass ein katarischer General der Hauptmann bei Waffenlieferungen gewesen sei und in den eingerichteten "Operationsraum" eingereist ist; Zuerst in Istanbul und dann in Ankara."[35]

---

[35]   Ebd.   https://www.ft.com/content/f2d9bbc8-bdbc-11e2-890a-00144feab7de

---

Wenn Sie versuchen, die politische Landkarte eines fremden Landes zu lesen, müssen Sie neben den Wörtern auch die Schreibrichtung lernen. Einige Nationen schreiben von links nach rechts, andere schreiben von unten nach oben. Wenn Sie zwar Vokabel gelernt haben, aber weiterhin darauf bestehen von links nach rechts zu lesen, würden Sie dennoch fast nichts verstehen.

Wenn mir jemand Fragen stellt wie: "Ist Assads Regime säkular oder islamistisch?" oder „Wie viel hat Assad bei den letzten Wahlen bekommen?", antwortete ich: "Wissen Sie was? Es gibt keine richtige Antwort darauf. Die Frage ist falsch gestellt".

DIE TÖDLICHEN FRANKENSTEINS

Die Rolle der Medien und Geheimdienste in der syrischen Krise

Die Erzählung der Geschichte Syriens bleibt unvollständig, ohne die Rolle der Medien und der internationalen Organisationen zu überdenken. Dies betrifft in erster Linie die Nachrichtendienste, die Militärkomplexe und einige NGOs, die von letzteren beeinflusst und geleitet werden.

In diesem Kapitel werde ich einige Verhaltensweisen dieser Entitäten beschreiben. Die Menschheit muss sich dringend des Verhaltens dieser Organisationen bewusst sein.

Die Rolle, die diese Organisationen in der syrischen Tragödie spielten, ist nicht gering. Auf die eine oder andere Weise ist das Verhalten dieser Organisationen für das Massaker verantwortlich. Es ist der tödliche Teil der Geschichte. Alle anderen Gründe, auf die sich die Medien konzentrierten, waren entweder Ablenkung oder Ergebnisse dieses Verhaltens. Ohne diese Organisationen hätte die Menge des syrischen Blutvergießens dieses schreckliche Niveau nicht erreicht.

Am wichtigsten ist, dass die syrische Tragödie nicht die letzte Episode dieser blutigen Serie ist. Es war auch nicht der erste. Das Verhalten dieser Organisationen vervielfältigt die Tragödie zu unbegrenzten Kopien. Es ist wie ein kompliziertes Produkt, das lange entwickelt und hergestellt werden muss. Sobald es zu funktionieren beginnt, wird die Herstellung von Tausenden von ähnlichen Teilen sehr einfach. So erscheint es mir, wenn ich zusehe, wie diese Organisationen multiplizieren, was in Syrien passiert ist. Es verbreitet sich auf andere Länder wie Jemen, Venezuela, Jordanien usw. Die syrische Tragödie selbst war eine aktualisierte Version des Irak-Krieges und davor der Afghanistankrieg.

In diesem Abschnitt werde ich versuchen, mich von der Angst zu befreien, beschuldigt zu werden, ein Verschwörungstheoretiker oder Fan einer Verschwörungstheorie zu sein. Ich werde meine Interpretation frei erzählen. Für die Leser, die eine schwere Allergie in Bezug auf konspiratives Denken haben: Sie haben eine vollständige Erklärung und Fakten in der ersten Hälfte des Buches. Diesen Teil werde ich meinen eigenen Interpretationen dieser Tatsachen widmen.

Das Verhalten von Arabisch sprechenden und syrischen Medien

Die arabischsprachigen Medien polarisierten die syrische Nation und erzählten ganz unterschiedliche Geschichten über die Natur des Konflikts. Die Medien der Opposition sprachen von Freiheit, Revolution, Demokratie oder dem Recht der sunnitischen Mehrheit, Syrien zu regieren. Unterdessen sprachen die Medien von Assads Regime über die globale Verschwörung gegen das Regime. Jede Partei erhielt enorme Unterstützung von ihren Verbündeten. Die Medien des Regimes wurden von den Medien aus Russland, dem Iran und der Hisbollah unterstützt. Es gab unbegrenzte Söldnerschreiber. Diese Journalisten berichteten in den arabischsprachigen und internationalen Medien. Die Medienlandschaft auf der anderen Seite war nicht anders. Kanäle wie Al Jazeera, Al Arabiya und andere spielten eine große Rolle bei der Vorbereitung der syrischen Massen auf die Revolution. Diese Rolle blieb während der ganzen Jahre der Revolution bestehen. Diese Medienkanäle wählten die Vertreter der syrischen Opposition und ihre Sprecher.

Auch hier werde ich nicht auf die Frage eingehen, ob diese Kanäle als Teil eines früheren Plans fungierten oder ob ihre Handlungen nur eine normale Reaktion auf die Ereignisse und Umstände waren. Ich möchte jedoch erwähnen, dass die Geschichte der polarisierenden Medien nicht 2011 begann, sondern viele Jahre zuvor.

Die British Broadcasting Corporation BBC produzierte einen Dokumentarfilm[36] über die Phänomene der Verbreitung sektiererischer Fernsehsender. Der Dokumentarfilm kam zu dem Schluss, dass die meisten dieser Fernsehsender von unbekannten oder geheimnisvollen Gründern und Mitwirkenden unterstützt und finanziert wurden. Diese Fernsehsender sind verantwortlich für das Blutvergießen in Syrien und vielen anderen muslimischen Ländern.

In dem Bericht heißt es: "Die am meisten provozierenden Kanäle produzieren nicht nur aus arabischen Ländern, sondern auch aus Großbritannien [...]. Wir haben die Existenz von Dutzenden von islamischen TV-Kanälen beobachtet [...] Ihre Inhalte können nicht gesendet werden, es ist sehr provozierend [...]

Das BBC-Team konnte 120 religiöse Fernsehsender finden, von denen 20 provozierende Inhalte ausstrahlten. Der Bericht untersuchte ein paar von ihnen, die sind:

- Alanwar 2 Fernsehkanal, ein schiitischer Fernsehkanal. Er lädt die Schiiten ein, in Syrien gegen die Sunniten zu kämpfen. Die Büros

---

[36] https://www.youtube.com/watch?v=n_NKgXGcxX8

dieses Senders befinden sich irgendwo an einem unbekannten Ort in Bagdad. Eine Alanwar-Führungskraft weigerte sich, die Mitwirkenden oder den Finanzier zu nennen. [Al Anwar TV ist ein schiitischer Fernsehsender, der 2004 gegründet und aus London gesendet wurde, sein Hauptsitz ist in Kuwait und er hat Büros in Syrien, den Vereinigten Staaten, dem Libanon und dem Iran).

- Ahl Al Bait Fernsehkanal. Dies ist auch ein schiitischer Fernsehkanal, der Geld aus dem Irak sammelt und aus den Vereinigten Staaten sendet. Ihr Gründer ist Hasan Allah Yari, ein afghanischer schiitischer Geistlicher, der in San Diego, Kalifornien wohnt. Ihm werden Verbindungen zur C.I.A. vorgeworfen.[37]

- Safa TV. Ein sunnitischer Fernsehsender, der aus Ägypten sendet. Der BBC-Journalist traf einen von Safas Moderatoren und begleitete ihn in seinem "Jeep Cherokee"-Wagen zum Hauptquartier des Senders. Safa gilt als einer der am besten ausgestatteten Kanäle. Der Safa-Moderator betrachtet die schiitische Doktrin als eine falsche Ideologie, die im Laufe der Geschichte von Juden geschaffen und finanziert wurde. Die Finanzierung von Safa TV - laut BBC-Journalist - wird mit größter

---

[37] http://www.alkawthartv.com/news/110080

Geheimhaltung gedeckt. Die Ermittlungen der BBC führten jedoch dazu, dass der Direktor und Finanzier des Kanals tatsächlich ein kuwaitischer Geschäftsmann namens Khaled Al Osaimi ist. Er weigerte sich, das BBC-Team zu treffen.

- Fadak TV Channel befindet sich in einem sehr luxuriösen Viertel in Großbritannien. Der Direktor des Kanals, der schiitische Geistliche Yasser Al Habib, kaufte ein ehemaliges Kirchengebäude für eine Million englische Pfund. Er baute es in ein Moschee/Fernsehsender-Studio um, das 24 Stunden sendet.

- Wesal ist ein 2009 gegründeter saudischer Fernsehsender. Darüber hinaus hat Wesal eine Niederlassung in Großbritannien. Es sendet jedoch in persischer Sprache und zielt auf die iranischen Massen ab. Es wird von saudischen und kuwaitischen Geldern finanziert. Es ermutigt die Iraner, sich gegen ihr Regime aufzulehnen und es zu stürzen.

Die Dokumentation übersprang die Berichterstattung über einen der einflussreichsten Prediger auf dem syrischen Spielplatz, Adnan al-Arour:

"Deren feurige Explosionen über zwei saudische Salafisten-Satellitenkanäle wie ein

bigotter Ghul strahlen. Besonders verheerend war das Material, in dem der Scheich aufstand, einen warnenden Finger vor der Kamera schüttelte und schwor, "das Fleisch" der pro-Regime-Alawiten zu "zermahlen" und "es den Hunden zu füttern" [...]

Die Kanäle, in denen Herr Arour aufgetreten ist, widmen den größten Teil ihrer Sendezeit dem Angriff auf den schiitischen Islam. Seine Entlassung der kurdischen Forderungen nach größerer Autonomie riskierte die Entfremdung einer wertvollen Komponente der Anti-Regime-Front."[38].

Al-Arour hörte nicht damit auf, der syrischen Gemeinschaft zu predigen und sie zu spalten. Seine Rolle ging noch weiter. Er überwachte die militärischen Operationen und die Finanzierung extremistischer Oppositionsparteien.

"Er spielte eine seltene Versammlung von Kommandeuren aus rebellierenden Militärräten und zeigte, wie beliebt er unter den Kämpfern ist. Aber nicht nur der Anstieg der Religiosität unter den syrischen Sunniten gibt ihm seinen Stempel. Mr Arour war ein

---

[38] https://www.economist.com/middle-east-and-africa/2012/10/20/the-charm-of-telesalafism

lautstarker und effektiver Fundraiser in der Golfregion. "[39]

Das Phänomen der religiösen Fernsehsender war nicht einmalig in der syrischen und arabischen Szene. In den Medienmarkt wurde sehr viel investiert - entweder in Fernsehsender, Schriftsteller oder eine Internetplattform. Es gab eine Menge Misstrauen um die Quelle der Finanzierung dieses blühenden Marktes und ob es nur eine natürliche Bewegung war, die auf die Marktnachfrage reagierte, oder systematische Arbeit für jede Kategorie von Menschen in den syrischen und arabischen Massen. Unbegrenzt viele Medienkanäle erschienen in sehr kurzer Zeit, die auf die verschiedenen Kategorien der syrischen Nation abzielten: die konservativen Islamisten und die Radikalen, die Kurden, die Intellektuellen, die Kommunisten usw.

Die Arbeit schien professionell organisiert zu sein. Die Vertreter, Autoren oder öffentlichen Redner jeder Gruppe erhielten eine professionelle Schulung und extra großzügige Zahlungen aus mehrdeutigen Quellen und mit unklaren Begründungen. Vor 2011 wollte kein Land, kein führender Kanal und keine Zeitung solch einen Redner empfangen oder begrüßen, obwohl die Verbrechen des Assad-Regimes seit 1970 andauerten. Die Sprecher, die schon vor Beginn der Revolution tägliche Gäste der internationalen Medien waren, waren nicht willkommen und erschienen kaum auf den

---

[39] ebd

Medienkanzeln. Plötzlich erhielten sie internationale Bildschirme, um 24/7 ohne Einschränkung zu sprechen.

Im Jahr 2007 wurde ein privater Kanal namens Addounia TV in Syrien von Rami Makhlouf, dem berühmtesten Cousin von Bashar Al Assad, der einen Ruf als Ikone der Korruption erworben hatte, gegründet. Im selben Jahr wurde ein weiterer privater Fernsehsender von einem sunnitischen Geschäftsmann in Dubai geplant. Ghassan Abboud "verließ Syrien zu Beginn der 1990er Jahre in den Vereinigten Arabischen Emiraten und arbeitete in der Abteilung für Öffentlichkeitsarbeit, dem ´Abu Dhabi Engineers Association Branch´ und war dann Medienbeauftragter in der ´Emirates Equestrian Federation and Race´."
Im Jahr 2011 war Abboud einer der ersten Geschäfts- und Medienleute, die ihre Opposition öffentlich durch eine Ankündigung im Fernsehkanal, den ´Orient News´, erklärten. Seitdem hat der Sender die syrische Revolution als sein einziges Thema angenommen. Es wurde der gegenteilige Pol zu dem TV-Kanal von Addounia.
Al Jazeera, der einflussreichste arabischsprachige Nachrichtensender, hat vor 2011 mehrere Jahre Assads Widerstand gegen Israel gelobt. Seine Moderatoren wie Faisal Al Kassem trugen dazu bei, Assads Image als Held, der den Palästinensern in ihrem Krieg gegen die Israelis half, aufzupolieren. Faisal Al Kasem benutzte verschiedene Techniken, um jeden zu terrorisieren, der versuchen könnte, das Assad-Regime zu kritisieren.

Berichte über das Verbrechen des Assad-Regimes gegen die Meinungsfreiheit oder gegen die politischen Aktivisten waren vor 2011 auf Al Jazeera kaum zu hören. Plötzlich war der Ton ganz anders. Wer gestern der treue Held der arabischen Welt war, wurde zum Verräter und dem gefährlichsten Kriegsverbrecher. Baschar al-Assads Verbrechen wurden zum zentralen Thema des Kanals, obwohl diese Verbrechen erst 2011 begannen. Das diktatorische und kriminelle Verhalten der Assad-Familie hatte seit ihrer Machtübernahme 1970 nicht aufgehört.

Dies gilt auch für viele andere Medienkanäle. Nach 2011 verlagerten sich die arabischen Medien, um Erdogan und die Türkei zu bewerben und um ihr Image zu verbessern. Erdogan wurde als inspirierter muslimischer Führer vorgestellt, der die Macht der Muslime und ihre internationale Position, die sie in der Vergangenheit innehatten, wiederherstellen sollte. Die Türkei zu preisen und Erdogans Image zu polieren, wurde zu einem essentiellen Tages Bestandteil. Die genauen Moderatoren, die auf Assad fokussierten und ihn dämonisierten, waren später diejenigen, die daran arbeiteten, Erdogans Bild aufzuklären und seine Feinde zu dämonisieren!

Im Jahr 2000 produzierte der Saudi TV Channel MBC eine TV-Show basierend auf einer alten arabischen Geschichte. Das Schlusswort der "Al-Zeer Salem" - Sage lautete: "Mach keinen Frieden". Bab El Hara, ist eine weitere syrische TV-Show und eine der beliebtesten arabischen. Die erste Staffel wurde 2006 produziert. Die Fernsehshows erfreuten sich großer

Beliebtheit. Al Jazeera TV Channel berichtete während seiner Episoden von einer "Ausgangssperre" in einigen arabischen Ländern, weil die Leute zu Hause blieben, um sie zu sehen. Die TV-Show wurde jedoch von den Intellektuellen dafür kritisiert, dass sie ein historisch falsches Bild der syrischen Gemeinschaft aufführten. Die TV-Show vermittelte den Syrern Werte und betonte vor allem die Notwendigkeit einer eigensinnigen Haltung im Kampf gegen den Feind. Diese Werte haben jegliches vernünftige Denken über die Kriege oder Revolutionen verhindert, egal wie groß der Verlust war.

Ich beobachtete die Techniken, mit denen die Medien die Syrer während und vor ihrer Krise manipulierten. Später habe ich die europäischen und westlichen Medien beobachtet und bin zu dem Schluss gekommen, dass die von diesen Medien verwendeten Manipulationstechniken keinen Unterschied aufweisen.

Dank der Rolle dieser Medienkanäle wurden Syrer, die jahrzehntelang zusammen lebten, zu völlig Fremden. In wenigen Monaten wurden die Assads Anhänger und die Gegen-Assad zu Feinden. Sie konnten einander nicht mehr glauben und vertrauen. Dieser Plan wurde in den von der Opposition kontrollierten Gebieten erneut angewendet, basierend auf ethnischen, ideologischen oder sektiererischen Faktoren. Auf diese Weise unterschieden sich die extremistischen Bereiche von den gemäßigten. Die Ultra-Extremisten begannen, sich von den weniger Extremisten zu lösen und sie anzugreifen. Die kurdische Opposition wollte nicht mit der arabischen Opposition synchron bleiben. Die Medien arbeiteten daran, diese Gruppen, auf Stammes-, regionalen und anderen Grundlagen basieren in kleinere Gruppen zu unterteilen.

Das Verhalten der westlichen Medien

In den Jahren der syrischen Krise erklärten die Mainstream-Medien das Versagen des Westens als eine Reihe von zufälligen Fehlern, bloßer Verwirrung und mangelnder Erfahrung. Das klingt für mich einfach nicht überzeugend. Die westlichen Geheimdienste haben in vielen anderen Veranstaltungen ein hohes Leistungsniveau bewiesen. Es hat vor Jahrzehnten ein sehr hohes Maß an Organisation und Wissen erreicht. Darüber hinaus kann eine unbeabsichtigte Verwirrung nicht viele Jahre andauern, wie es im Falle Syriens und anderer ähnlicher Fälle wie im Irak, im Jemen, in Afghanistan und anderen Ländern der Fall war. Die Rechnung jedes dieser Ereignisse wird auf Millionen von Opfern geschätzt. Es ist mysteriös, wenn diese Geheimdienste plötzlich hilflos und amateurhaft werden.

Sibel Edmonds, die Ex-FBI-Agentin, veranschaulichte dieses Phänomen, als sie einen ähnlichen Fall beschrieb, während sie beim FBI angestellt war:

"Yassin Al Kadi war einer unserer Leute, CIA-Leute, mit dem türkischen Netzwerk zusammen, die diese terroristischen Aktivitäten durchführten. Aber jedes Mal, wenn das FBI den Kerl schnappen wollte, würden das Außenministerium und die CIA eingreifen und sie würden es nicht zulassen. Dann hatten wir 9/11 und als Robert Wright darüber sprach und sagte: „Sie haben die Untersuchung gestoppt", die Regierung der Vereinigten Staaten. Wir hatten einen der Finanzierer. Und sie ließen uns ihn nicht verfolgen. Sie haben uns ihn nicht fangen lassen. Zu dieser Zeit wurde sogar von den Vereinigten Staaten erklärt, dass Al Kadi tatsächlich der Finanzier war. Aber selbst nachdem er dazu erklärt wurde, gab die Regierung der Vereinigten Staaten ihm genug Zeit, um seine Sachen zu packen und nach Albanien zu fliegen. Es war wie „Oops" zu spät, wir können Al-Kadi nicht fangen, er ist weg. Also setzte er seine Operation wieder fort. Nochmal, dies ist die Operation Gladio B mit den türkischen Agenten in Zentralasien, im Kaukasus aus Albanien. Dann haben sie es weiter hinausgezögert. Es war das US-Außenministerium, das ihn zum Finanzmann des 11. September und zum gesuchten Mann erklärt hat. Und sie sagten: „Oh, er ist in Albanien und wir werden Albaner bitten, ihn umzudrehen."

Wir haben seine Adresse und alles, richtig? Nun, sie haben dafür gesorgt, dass es etwa zwei Wochen dauerte, bis sie in Albanien gefragt haben, bis er tatsächlich in die Türkei ging. Und wieder hatte er in Albanien albanische Pässe. In der Türkei war er schon ein Türke. Er hat dort einen Wohnsitz. Also verließ er Albanien und die USA sagten „Oops!". Wir konnten ihn in Albanien nicht finden. Er ist nicht mehr dort. Er ist in der Türkei. Also sprach die USA mit der Türkei, sie sagten (Weißt du? Klopf klopf, zwinker, zwinker): „Wir wollen, dass ihr diesen Kerl zurückgebt. Wir wollen ihn hier haben. Er ist einer der Top-Finanzierer des 11. September. Und wir wissen, dass man in der Türkei nicht einmal ohne grünes Licht und Erlaubnis aus den USA pisst."

Zum ersten Mal antwortete die Türkei den USA: „Wir haben kein Auslieferungsabkommen mit Ihnen und er hat keine türkischen Gesetze verletzt. Wir bleiben hart. Wir sind eine sehr harte Nation und wir werden ihn Dir nicht übergeben."

Und die Vereinigten Staaten sagten: „Oh, okay" und damit war der Fall beendet. Jetzt hat Al Kadi tatsächlich Besitz in mehreren Banken in der Türkei, einschließlich in Zypern.

Und in der Zwischenzeit geht er nach Aserbaidschan und wir haben das Zeug in Zawahiri wieder abgedeckt. Sie sehen sich das gleiche Operationsteam an, das Sie betrachten. Und er blieb dort jahrelang. Inzwischen reist er auch nicht nur nach Aserbaidschan. Er geht für seine geschäftlichen Angelegenheiten nach London.

Er hat einige Top-Anwälte und sagte den Vereinten Nationen: „Sie müssen mich als Terrorist undeklarieren." Die Vereinten Nationen haben ihn also von der Liste genommen und die USA haben das Ganze praktisch vertuscht. Wie konnte eine solche Person diesen Typs in der Türkei diese Operation durchführen, für die USA, die CIA in Zentralasien und im Kaukasus, und dann wurde das Problem vollständig vertuscht? Wie Sie wissen, haben die Medien hier in den USA nie wirklich über Al Kadi berichtet. Sie werden darüber nicht mehr als eine Handvoll Artikel finden. Und plötzlich, siehe da, erblickten sie bei Erdogan die Tatsache, dass hier die Bilder von Erdogans Söhnen zu sehen sind, die in diesen 10- oder 20-Millionen-Dollar-Deal mit Al Kadi, dem Top-Finanzier von Al-Qaida, einsteigen. Hier ist die Partnerschaft zwischen diesem Mitglied von Erdogans Familie und al

Kadi, dem Top-Finanzier von Al Qadea. Und genau das sehen wir." [40]

Während der syrischen Krisenjahre überfielen die Mainstream-Medien ihre Verfolger mit täglichen Berichten und Erklärungen ähnlich der obigen Geschichte, die von Sibel Edmond erzählt wurde. Ich würde diese Art von Erzählung den „Oops"-Effekt nennen. Es ist eine moderne Generation von Manipulation und eines der gefährlichsten Werkzeuge, mit denen die Medien die Massen von dem ablenken, was wirklich vor sich geht.

Eine solche Erzählung zu bezweifeln, könnte zum Nachdenken über eine Verschwörung führen. Meiner Meinung nach erscheint mir das Beharren darauf, all diesen „Oops" zu glauben und mir keine Fragen zu stellen, noch dümmer als der Gedanke an eine Verschwörung.

Hier sind einige Beispiele: "Die Vereinigten Staaten haben sich verpflichtet, die syrische Opposition zu bewaffnen, um Assad zu stürzen, aber "Oops", es stellte sich heraus, dass es Extremisten gibt. Das überraschte die amerikanischen Offiziere. Das war ihnen vorher nicht bekannt. "" Die westlichen Länder haben Milliarden von Finanzhilfen an die syrische Opposition geschickt, aber es stellte sich heraus, dass die Mitglieder der syrischen Opposition korrupt

---

[40] https://youtu.be/q32-2sMzrWw

waren. "" Die westlichen Länder wollten Assads Regime wirklich stürzen, aber "Oops", es stellte sich heraus, dass die Opposition geteilt war und die Führer nicht einig werden wollten."

Hier werde ich noch einmal zitieren, was Dr. Nikolaos Van Dam notiert hat:

> *"Geberstaaten (wie die Vereinigten Staaten und die Türkei) gaben den syrischen Militärkommandanten manchmal gleichzeitig widersprüchliche Anweisungen in Kämpfen gegen den Islamischen Staat und drohten, ihre Militärhilfe zu stoppen, wenn ihren Anweisungen nicht weiter gefolgt werden würde. Syrische Kommandeure beklagten sich auch über den Mangel an relevanten militärischen Informationen, die rechtzeitig von ihren ausländischen Unterstützern hätten bereitgestellt werden können, und über den Mangel an ausreichender Munition (die sie gelegentlich als eine Art "Tropffütterung" bezeichneten). Oppositionskommandeure fühlten sich manchmal betrogen."*
> *"Westliche Kritik an der militärischen Opposition wegen mangelnder Koordinierung war daher nicht gerechtfertigt, da dies auf mangelnde militärische Koordinierung im Westen zurückzuführen war."[41]*

---

[41] Destroying a Nation: The Civil War in Syria, by Nikolaos Van Dam, pp 2018.

Die Oppositionsmitglieder, die die westlichen Entitäten für das Scheitern verantwortlich gemacht haben, sind diejenigen, die diese Entitäten gewählt haben. Niemand hat diese Mitglieder der Opposition gewählt, sondern die westlichen Geheimdienste selbst. Die Syrer haben sie nicht gewählt. Keine Wahlen oder ein Referendum wurden abgehalten, um sie zu wählen. Kein einziger Syrer wurde konsultiert, um sie auszuwählen. Es gab viele andere Möglichkeiten, aber die westlichen Geheimdienste haben diese genauen Personen aus tausenden anderen Möglichkeiten gewählt. Bei der Wahl dieser Personen haben die westlichen Einheiten die genauen Standards übernommen, die das Assad-Regime und die Al-Baath-Partei seit Jahrzehnten anwenden, wenn es um die Auswahl der Offiziere und Agenten geht. Diese Standards sind einfach: Die absolute Loyalität und Gehorsam, die Bereitschaft zu berichten und Spionagearbeit für die Sponsoren zu leisten und vor allem korrupt zu sein. Ehrliche Elemente werden hier nicht geschätzt. In den Krisenjahren setzten diese Mitglieder ihre Korruption in der Öffentlichkeit fort, ohne dass die Geberländer dies in Augenschein nahmen. Dies sind die gleichen Länder, die ihre Bürger so genau überwachen, dass sie wissen, wann sie einen Steuerbetrug von zehn Dollar begehen. Dieses Verhalten der westlichen Geheimdienste war im syrischen Fall keine Modeerscheinung. Die gleiche Szene wurde während des Irak-Krieges gesehen42.

Die „Oops"-Art der Manipulation ist die exakte Umkehrung des „Aha"-Effekts. Nur wenn wir es ablehnen, diese häufigen „Oops" zu glauben, können wir zum „Aha"-Effekt kommen und anfangen zu verstehen, was vor sich geht.

---

42 Lesen Sie den Guardian-Artikel "Wie die USA 12 Milliarden Dollar in den Irak schickten. Und beobachtete, wie es verschwand:
Die USA flogen fast 12 Milliarden Dollar in Schrumpffolien von 100 Dollar in den Irak und verteilten dann das Geld ohne genaue Kontrolle darüber, wer es erhielt und wie es ausgegeben wurde. "
Siehe auch das Buch: "Krieg um Jeden Preis" von James Risen.

Die Medienfallen

Die "Oops" Art der Manipulation ist nicht die einzige Manipulationstechnik in unserer Zeit.

Ich betrachte Manipulation als die mörderischste Waffe unserer Zeit. Der Grund, warum ich das denke, ist: Es gibt wenige Menschen auf der Welt, die sich für die Fortsetzung von Kriegen aussprechen. Wie konnten die „Warlords" diese Kriege gegen den Willen der Mehrheit beginnen? Die Antwort ist einfach: Mit Manipulation können sie!

Während der syrischen Krisenjahre konnte ich viele verdächtige Medienverhalten und Taktiken beobachten und definieren, die dazu dienten, die Massen von dem abzulenken, was wirklich vor sich ging oder was passiert hätte sollen.

Den Menschen erzählen was sie hören wollen und nicht was wirklich vor sich geht

Diese Art von Manipulation gab es schon immer in den Medien. Die Medien üben diese Manipulation nicht unbedingt absichtlich oder bewusst aus. Die Medien reagieren nur darauf, wie Menschen interagieren und reagieren und was sie gerne hören. Die Massen sind daran interessiert, Fakten zu hören, die ihre Sichtweise oder ihre Vorstellungen über das Leben und die Welt unterstützen (untermauern, beweisen).

Das westliche Publikum zum Beispiel möchte gerne glauben, dass die Nationen des Nahen Ostens endlich für ihre Freiheit rebellieren. Dies kam von ihren eigenen Paradigmen, die ihre historische Entwicklung und ihre eigene Sicht des Lebens umgeben. Sie projizieren ihre eigene Geschichte auf aktuelle Ereignisse und erinnern an Ereignisse wie die Französische Revolution und des Ersten Weltkrieges. Die intellektuellen Syrer wollten nur diese genaue Geschichte hören. Sie ignorierten andere Fakten. Die Salafisten in Syrien und in den arabischen Golfstaaten möchten eine völlig andere Geschichte hören. Sie zogen es vor, die Revolution als einen Aufstieg des sunnitischen Islam gegen die Alawiten oder die Säkularität zu sehen. Jede Partei fand ein Medium, das auf ihren Wunsch reagierte und die Geschichte wiederholte, die ihrem Geschmack entsprach. Die Wahrheit dessen, was vor sich ging, war für keine Partei wichtig.

Die Medien könnten die Gründe für den syrischen Krieg erklären, wenn sie über den Sunni-Schia-Konflikt, den Diktatur-Freiheitskonflikt, den kurdisch-arabischen Konflikt und den türkisch-russischen Konflikt sprechen würden. Sie können auch über den Gas- und Ölkonflikt, Warschau - NATO-Konflikt, Saudi-Iranischen Konflikt, Kapitalismus-Sozialismus-Konflikt, Demokratie-Ein-Parteien-Konflikt, Dürre und Wüstenbildung, Star Wars, Harry Potter, und so weiter sprechen…

All diese Daten und Fakten existieren. Was die Medien immer berichten ist korrekt. Diese Gründe sind schon seit Ewigkeiten da, und haben keinen Krieg verursacht.

Sie können von den "Kriegsherren" benutzt werden, um den Beginn eines Krieges zu rechtfertigen. Sie können aber auch benutzt werden, um das internationale Publikum mit weniger wichtigen Geschichten abzulenken, bis sie die Leute die tatsächlich durch den Krieg profitieren komplett vergessen haben.

Der Punkt ist: keiner dieser Gründe hat den Krieg geschaffen. Die wirklichen Schöpfer und ihre Motive verstecken sich irgendwo außerhalb dieser Landschaft und werden selten in den regulären Medien erwähnt, sowie auch ihre Motive und Gewinne unbekannt bleiben.

Aber wie sehr ist es wirklich wichtig, die echten Gründe für einen Krieg zu erkennen?

Es ist wichtig die Wahrheit zu kennen, denn nur durch die Wahrheit kann man die Gründe für einen Krieg erkennen und ihn somit verhindern.

Die ganze Menschheit hat versucht, Kriege zu stoppen, aber es war nutzlos…

„PROBLEME KANN MAN NIEMALS MIT DERSELBEN DENKWEISE LÖSEN, DURCH DIE SIE ENTSTANDEN SIND."

ALBERT EINSTEIN

Die Überwältigung der Massen mit irrelevanten Details und Erzählungen

Diese Art von Manipulation wird fast immer in unseren Medien verwendet; In den Boulevardblättern sowie in seriösen Quellen. Es lenkt sein Publikum mit Namen, persönlichen Verhaltensweisen und kleinen Details ab.

Wir müssen erkennen, dass wir im Zeitalter internationaler Pole leben. Die Geschichte kann nicht allein auf die Ansichten einzelner Menschen oder Personengruppen festgelegt werden. Die Länder sind jetzt miteinander verbunden. Die Supermächte erlauben nicht, dass persönliche Verhaltensweisen und Ansichten ihre Interessen bedrohen. Sie erlauben nicht, dass sie die Weltordnung gefährden, auf der sie hin arbeiteten.

Einige Medien neigen dazu, internationale Ereignisse anhand von Führern wie Donald Trump, Kim Jong-un und so weiter zu basieren. Diese Medien erklären große Ereignisse auf der internationalen Bühne anhand der persönlichen Verhaltensweisen dieser Führer, wobei die tatsächlichen Auslöser woanders liegen.

Die Pepsi vs. Coca-Cola Falle

In dieser Falle geben die Medien ihrem Publikum nur zwei polarisierende Möglichkeiten, als gäbe es keine dritte weniger extreme. Es wirft endlose Streitigkeiten auf, in denen Leute Tag und Nacht versuchen, zu beweisen, welche Wahl besser ist. "Wer ist der Lügner, die westlichen oder russischen Medien?" "Ist die NATO gut oder sind die Achsenmächte Putin-Assad-Iran besser?" „Sollten wir in den Irak eindringen und ihn zerstören, oder sollen wir zusehen wie die Tyrannei alle tötet?"

Als ob die Ablehnung einer Option notwendigerweise die Akzeptanz der anderen beinhalten würde.

Aber wir brauchen für jeden Konflikt eine Antwort, richtig?

Richtig!

Es gibt immer unbegrenzte Möglichkeiten und Antworten. Dennoch lenken die Medien die Massen davon ab, eine dritte Antwort zu sehen oder gar eine dritte Frage zu stellen.

In einer Welt, auf die wir hoffen würden, ist es nicht akzeptabel, eine Tyrannei zu verlassen, um ihre Nation zu versklaven oder zu töten. Ich ignoriere daher vollkommen, dass die "Rechtsexperten" in der Verfassung des UN-Sicherheitsrates geschrieben haben dass man Länder nicht besetzen darf.

Die Alternative besteht jedoch nicht notwendigerweise darin, an eine oder zwei Einheiten wie die CIA oder den britischen Militärkomplex zu delegieren, um eine Nation ohne jede Verantwortung zu zerstören.

Die Präsidenten und Direktoren, die die Invasion im Irak oder die Operationen in Syrien diktierten, wurden nicht auf ihre Eignung überprüft. Die Opfer dieses Verhaltens sind jeweils Millionen.

Diese Falle spielte eine mörderische Rolle in der syrischen Krise. Viele Intellektuelle, und sogar akademische Wissenschaftler fielen in diese Falle. Ein breites Spektrum des westlichen Publikums war bereits voreingenommen, und auf Assads Seite. Sie weigerten sich, irgendwelche Berichte über die Verbrechen des Assad-Regimes gegen Millionen von Zivilisten zu glauben. Assads Medien und ihre Verbündeten, vor allem die russischen und die iranischen Medien und ihre Öffentlichkeitsarbeit, nutzten diese Falle und profitierten von ihr bis zum Ende. Nach dem Irakkrieg war die globale Stimmung eher gegen einen ähnlichen Krieg. Die Internationalen Medien deckten eine Menge Manipulation auf, die von den westlichen Medien verwendet wurde, um den Krieg gegen den Irak und das Regime von Saddam Hussein zu rechtfertigen. In der syrischen Krise bedeutete dies, dass die Massen automatisch die Meinung hatten, Assad verteidigen zu müssen, und dazu tendierten, nur Gutes über ihn hören zu wollen. Dies ermöglichte Assads Regime Brutalität bis zur äußersten Grenze. Die Verbrechen, die von Assads Regime begangen wurden, könnten über das hinausgehen, was das Naziregime im Zweiten Weltkrieg getan hat.

Die Rolle von Social Media:

Die Instanzen die Unternehmen, das Fernsehen, die Zeitungen und andere Propagandamittel gesponsert haben, waren sich natürlich der modernen Tools wie Social Media bewusst.

Die Social-Media-Plattformen wurden während der syrischen Krise stark genutzt. Der arabische Frühling hätte nicht ohne diese Plattformenentstehen können, hauptsächlich Facebook, Twitter und YouTube.

Die Rolle, die die Social-Media-Plattformen spielten, war nicht vollständig oder notwendigerweise Teil einer "Verschwörung".
Hier ist ein Beispiel, das veranschaulicht, warum es schwierig ist, zu entscheiden, ob die Ereignisse auf natürliche Weise oder als Teil einer Verschwörung geschehen und was wir diesbezüglich tun sollten.

Plattformen wie Facebook, Twitter oder sogar die Online-Shops sind „responsive"

Dies bedeutet, dass sie das Verhalten des Verbrauchers beobachten und entsprechend darauf reagieren.

Wenn ein Kunde ein politisches Buch von Amazon kauft, kann man erwarten, dass Amazon ihm in Zukunft auch andere politische Bücher vorschlagen wird.
Das gleiche gilt für Facebook, Twitter, Youtube und so weiter ...

Es es macht Sinn, dass die Plattformen eine solche Qualität annehmen. Die kommerzielle Logik impliziert dies.

Dieses automatische Reagieren ist jedoch dafür verantwortlich, dass die Gemeinschaften und Nationen auf sehr gefährliche Weise zu polarisiert werden.

Stellen Sie sich vor, dass 2 Nachbarn jeden Tag ein paar Stunden lang soziale Medien nutzen oder online einkaufen. Einer hat vielleicht zufällig ein paar lustige Katzenbilder angeklickt oder vielleicht ein paar Bücher über Gartenarbeit gekauft . Der andere hat "gefällt" oder "geteilt" geklickt bei ein paar Posts über Hunde oder hat vielleicht Science-Fiction-Bücher gekauft. Hier beschreibe ich, was danach passieren wird. Die Online Shops und sozialen Medien werden jedem von ihnen Tausende von ähnliche Büchern und Bildern zeigen, je nach Verhalten. Es wird nicht länger als ein paar Monate dauern, bis diese beiden Nachbarn zu Fremden werden. Jeder würde nicht wissen, worüber der andere spricht oder auf welchem Planeten er lebt.

Es ist schwer zu behaupten, dass es sich um eine "Verschwörung" handelt. Die Menschheit sollte sich jedoch dieser Gefahr bewusst sein und damit umgehen, als ob es eine mörderische Verschwörung wäre.
Dies kann Nationen spalten, Kriege verursachen und Familien und Einwohner isolieren.
Einige Organisationen könnten aus diesem Grund unbegründete Kriege und Konflikte starten. Alles, was

sie brauchen, ist ein Budget und fehlende Werte und Ethik.

Neben den normalen social Media Profilen , die den Individuen gehörten, gab es auch die Gesponserten. Diese Profile spielten eine große Rolle bei der Gestaltung der kollektiven Meinung und führten sie in bestimmte Richtungen.

Einige dieser Konten verhalten sich auf verdächtige Art und Weise. Es ist klar und einfach zu erkennen, dass sie systematisch erstellt wurden und alle Möglichkeiten der Plattformen nutzen, als ob ihre Schöpfer darauf trainiert sind, dies professionell zu tun. Ein Teil dieser Arbeit wurde später entdeckt[43]. Andere erklärten ihre Tätigkeit als Teil der Solidarität[44].

Es ist völlig klar, dass die Sicherheitsdienste auch künstliche Intelligenz und soziale Medien benutzen, um die Massen zu beobachten und gezielte Ideen zu verbreiten. Vor der Social-Media-Revolution nutzten diese Dienste andere Techniken wie Radio, Mundpropaganda und Gerüchte, um die gleichen Ziele zu erreichen.

---

[43] Wie z.B. Cambridge Analytica
https://www.theguardian.com/us-news/2018/mar/23/john-bolton-cambridge-analytica-videos-donald-trump
[44] Wie z.B. Syrische Elektronische Armee
https://www.politico.com/blogs/media/2013/08/what-is-the-syrian-electronic-army-171438

Die Rolle der Geheimdienste, Sicherheitsdienste und des Militärischen Komplexes

Einführung

In der Iran-Contra-Affäre „wurde der Nationale Sicherheitsrat (NSC) in geheime Waffengeschäfte und andere Aktivitäten verwickelt, die entweder vom US-Kongress verboten waren oder die erklärte öffentliche Politik der Regierung verletzten." [45]

„Es war geplant, dass Israel Waffen an den Iran liefern würde, und dann würden die Vereinigten Staaten Israel nachfüllen und die israelische Zahlung erhalten." [46]

Der damalige Präsident Ronald Reagan „hatte den Eindruck, wenig von dem zu wissen, was vor sich ging." Mehrere Untersuchungen wurden durchgeführt. Aber sie fanden keinerlei Beweise dafür, dass Präsident Reagan selbst die Einzelheiten der verschiedenen Programme kannte.

„Die Gelder wurden zuerst nach Saudi-Arabien geschickt." [47] Der saudische Geschäftsmann „Khashoggi war ein wichtiger Mittelsmann in den Waffengeschäften hinter dem Iran-Contra-Skandal". [48]

---

[45] https://www.britannica.com/event/Iran-Contra-Affair

[46] "EXCERPTS FROM THE TOWER COMMISSION'S REPORT
"http://www.presidency.ucsb.edu/PS157/assignment%20files%20public/TOWER%20EXCERPTS.htm

[47] http://content.time.com/time/magazine/article/0,9171,157496,00.html

[48] https://www.nytimes.com/2017/06/06/world/middleeast/adnan-khashoggi-dead-saudi-arms-trader.html

Wenn wir über diesen Fall nachdenken[49], bemerken wir ein paar interessante Details:

Die Beziehungen zwischen den Hauptakteuren dieses Skandals waren sehr kompliziert. Iranische Beamte und Bürger nannten die Vereinigten Staaten damals den „Großen Satan" und Israel den „Kleinen Satan". Es war nicht ungewöhnlich, Erklärungen wie „Israel sollte vernichtet werden" zu hören. Der Prozentsatz der iranischen Bürger, die diese Ansicht mit iranischen Beamten teilten, war nicht gering. Die Gefühle, die die Israelis und Amerikaner gegenüber den Iranern hegten, waren nicht viel anders.

Wenn wir über saudisch-israelische oder saudisch-iranische Beziehungen sprechen, sieht die Landschaft ähnlich chaotisch aus.

Wie konnten diese Länder sensible Abkommen treffen und unterzeichnen, wenn sie in solchen Groll-Ozeanen versenkt waren?

Wenn wir versuchen, die Beziehungen zwischen Ländern zu beschreiben, müssen wir vier verschiedene Machtniveaus unterscheiden[50]:

---

[49] Dies ist kein Einzelfall in der modernen Geschichte. Die moderne Geschichte ist voller entdeckter Fälle. Die unentdeckten sind noch mehr. Ich werde diesen Fall jedoch verwenden, um die Differenzierung zu veranschaulichen, die wir brauchen, um die internationalen Ereignisse der modernen Geschichte zu verstehen.

[50] Einige Teile meines Schreibens mögen wie eine „Verschwörungstheorie" klingen. Ich muss zugeben, dass dies ein problematisches Thema ist. Es ist schwer zu entscheiden, ob sich diese Organisationen als Teil einer „Verschwörung" verhalten oder nur zufällig handeln und reagieren, je nach der natürlichen Entwicklung der Dinge.

Während manche „Verschwörungstheorien" für viele Leser manchmal albern klingen, klingt für mich der Glaube, dass all diese Dinge nur zufällig passieren, nicht so viel klüger. Hier kommt, wie ich es sehe: Es ist nicht das Wichtigste zu entscheiden, ob es eine Verschwörung gibt oder nicht.

Die Menschheit sollte sich bewusst sein, was wirklich passiert ist – unabhängig davon ob dies eine Verschwörung oder eine natürliche Entwicklung der Ereignisse war.

Ich bin nicht daran interessiert, irgendeine Verschwörungstheorie zu beweisen. Ich werde diesen Abschnitt widmen, um meine Beobachtungen zu beschreiben, insbesondere die, die mit ähnlichen Fällen in anderen Kriegen übereinstimmten. Einige Beispiele dieser Kriege sind der Irak, Ruanda und andere. Ich werde auch einige Beobachtungen erwähnen, von denen ich von der allgemein akzeptierten Geschichte nicht überzeugt bin oder sie klingen für mich einfach unlogisch.

In vielen Diskussionen über die syrische Frage kam ich zu dem Schluss, dass eine „Verschwörungstheorie" ein Problem ist, das weder bewiesen noch geleugnet werden kann. Es ist wie die Frage: „Existiert Gott oder nicht?" Ich werde mein kleines Buch nicht überladen, wenn ich auf eine solche Frage eingehe. Ich überlasse es dem Leser, meine Beobachtungen so zu interpretieren, wie es seinen „Überzeugungen" entspricht.

Während meiner Reise, das Buch zu schreiben, kritisierten mich einige Freunde, weil ich die Erwähnung der „Familie, die die Welt kontrolliert" ausließ.

Andere bezweifelten die Glaubwürdigkeit des Buches, weil ich es vermied, die „Organisation, die die ganze Welt kontrolliert" oder die Rolle des „kleinen religiösen Landes, das die Welt kontrolliert," zu erwähnen. Andere Freunde waren auf der anderen Seite. Sie haben kritisiert, dass ich so schreibe wie ein Verschwörungstheoretiker. Hier muss ich klarstellen. Alles, was Sie lesen werden, basiert auf meinen Beobachtungen und basiert auf Fakten. Ich habe nicht mit irgendeiner Theorie oder einem Vorurteil begonnen. Der Leser kann diese Beobachtungen als „zufällig" erklären oder dass „Ereignisse entsprechend der Natur

1. Die gewöhnlichen Bürger, die nicht direkt an politischen Entscheidungsprozessen beteiligt sind.
2. Die Beamten, d. h. die Technokraten, Minister, Regierungsbeamten und so weiter. Diese Ebene soll sich um die Interessen der ganzen Nation kümmern. Die Ansichten und Werte dieser Ebene sind jedoch nicht unbedingt dieselben wie die der meisten Bürger.
3. Die Militärkomplexe und Geheimdienstagenturen.
4. Ein kleiner Kreis von Führern und Schlüsselpersonen, die die Militärkomplexe und Nachrichtendienste leiten.

Natürlich sind die vier oben beschriebenen Ebenen nicht vollständig voneinander getrennt. Wichtig zu erinnern ist hier: Die Beziehungen zwischen den Ländern auf jeder Ebene spiegeln nicht unbedingt die Beziehungen auf anderen Ebenen wider.

---

der Dinge geschahen". Ich hätte auch nichts dagegen, wenn ein Verschwörungstheoretiker meine Beobachtungen annimmt, um seine Theorien zu beweisen und den fehlenden Teil der Geschichte zu vervollständigen. Ich möchte nur sagen, dass dieses Buch den Ereignissen gewidmet ist, die ich erlebt habe und in meinem Forschungsgebiet waren. Ich habe dem Leser am Anfang des Buches gesagt, dass das Buch nicht von A–Z die syrische Geschichte erzählen würde. Ich glaube nicht, dass ein Buch das kann. Nehmen wir an, dass dieses Buch nur die Geschichte von O bis P erzählt. Jede Arbeit, die die Geschichte vor O oder nach P erzählt, wäre großartig.

Nur weil die Menschen zweier Länder friedliche Gefühle füreinander haben, gilt dies nicht unbedingt für die anderen Ebenen. Umgekehrt, Wenn politische Entscheidungsträger Krieg zwischen einigen Ländern erklären, bedeutet dies nicht, dass die Beziehungen zwischen den Top-Level-Machtzentren dieser Länder im gleichen Konfliktzustand sind.

Was wir beachten müssen, ist: Die Interessen, Werte und Ansichten der einzelnen Ebenen sind nicht gleich. Daher sollten wir nicht kollektiv über sie sprechen. Sonst würden wir heute viele politische Probleme falsch verstehen. Es ist sehr leicht, manipuliert und getäuscht zu werden.

Wenn wir sagen „die Amerikaner sind in den Irak eingefallen", begehen wir einen Paradigmenfehler, der zu großen Missverständnissen geführt hat. Was geschah, war: Die oberste Ebene der Entscheidungsträger in den Vereinigten Staaten traf die Entscheidung, in den Irak einzufallen. Dies bedeutet, dass die Mehrheit der Amerikaner nicht einmarschierte haben, sondern eher Opfer dieser Invasion war. Darüber hinaus verschworen sich die für diese Invasion verantwortlichen US-Entscheidungsträger mit Gruppen aus dem Irak selbst. Diese Iraker waren nicht Opfer der Invasion, sondern sie gehörten zu den Invasoren.

So besteht der Widerspruch in der internationalen Politik nicht immer zwischen den Nationen, also Amerikanern gegen Iraker. Vielmehr liegt der Widerspruch in vielen Fällen einerseits zwischen den Politikern aller Nationen und andererseits der allgemeinen Bürgerschaft dieser Nationen. Die Korrektur dieses Missverständnisses ist der erste Schritt, um moderne politische Ereignisse zu verstehen und Lösungen für die steigende Welle von Kriegen zu finden.

Wie und wann haben diese Organisationen ihre einzigartige Position erreicht?

Der Erwerb von Macht durch diese Körperschaften kam nicht zufällig. Es ist allmählich in der Geschichte geschehen. Es war ein evolutionärer Prozess mit Wurzeln aus dem Mittelalter und der Antike. Dieser Prozess erlebte jedoch seinen dramatischsten Sprung während der Weltkriege des zwanzigsten Jahrhunderts[51].

Bis zum Zweiten Weltkrieg beruhte die Geschichte noch immer auf den alleinigen Entscheidungen von Diktatoren, Königen und Fürsten. Der Zweite Weltkrieg selbst wurde durch die einzigartigen Perspektiven, Aktionen und Reaktionen von Personen

---

[51] "Nach dem Ausbruch des Krieges mit Deutschland 1914 arbeitete die Außenstelle enger mit dem militärischen Nachrichtendienst zusammen. [...] Dies war eine Zeit des dramatischen Wachstums und der Veränderung für den Dienst, aber seine Arbeit hatte einen großen Einfluss auf den letztendlichen Sieg." Abgerufen am 09.06.2018 vom britischen Geheimdienst, der offiziellen Website des MI6: https://www.sis.gov.uk/our-history.html

wie Hitler, Stalin, Churchill und anderen scheinbar ausgelöst, dann angetrieben und weiterentwickelt.

Diese Diktatoren und Herrscher investierten jedoch stark in die Verbesserung der Sicherheitsdienste während des Zweiten Weltkriegs. Zu dieser Zeit gab es keine andere Möglichkeit. Sie waren daran interessiert, den Feind um jeden Preis zu besiegen. Sie gaben diesen Diensten die Ressourcen und Möglichkeiten aller Nationen. Sie übertrugen diesen Organisationen auch viele Aufgaben. Diese Einheiten wurden nicht nur Spionage- und Militärorganisationen, sondern erweiterten ihre Arbeit um Propaganda, Medienkontrolle und Massenbeobachtung.

Seit dem Zweiten Weltkrieg haben diese Gremien außergewöhnliche Instrumente entwickelt, um ihre Position als unabhängige Entscheidungsträger zu erhalten. Diese Dienste erhielten organisatorische Fähigkeiten und Strukturen, die sie von den von den jeweiligen Regierungsvertretern Machthabern unabhängig machten. Ihre Struktur erlaubte ihnen, ihre Macht auch nach dem Ende der Kriege aufrechtzuerhalten.

Diese Mechanismen sind eine Mischung aus rechtlichen, politischen und finanziellen Instrumenten. Diesen Organisationen stehen Informationen und Daten zur Verfügung, um ganze Nationen zu kontrollieren. Es gibt auch Schlupflöcher neben Medientricks. Am wichtigsten ist die Vielzahl von Studien, unbegrenzte historische Fallstudien und

Erfahrungen. In einem Satz gesagt, gibt es eine Fülle an Informationen

Mechanismen, die damals geschaffen wurden, garantierten ihnen diese außergewöhnlichen Privilegien für die Gegenwart. Sie haben jetzt ihre eigene Sichtweise, die nicht unbedingt der Meinung der Mehrheit der Individuen oder sogar der technokratischen Politiker entspricht. Gegenwärtig sind die Geheimdienste nicht mehr nur Verwalter für die Führer ihrer Länder. Sie haben unabhängig von ihren Schöpfern ein eigenständiges organisches Leben.

Später entwickelten die Geheimdienste der Supermacht-Länder ähnlich strukturierte Organisationen in der Dritten Welt. Die Sicherheitsdienste der Supermächte übertrugen, bedingt und teilweise, einen Teil ihres Reichtums an Wissen, Erfahrung und organisatorischen Fähigkeiten an ihre Gegenstücke in der Dritten Welt. Auf diese Weise behielten die Dienste in der entwickelten Welt ihre Herrschaft über die Dritte Welt. Sie besitzen das Wissen, das die Massen dieser Nationen kontrolliert, und sie übermitteln es an bestimmte Gruppen, die ihren Richtlinien und Zielen entsprechen.

Woher kommen die überlegenen Fähigkeiten dieser Entitäten?

In der Vergangenheit konnten die Gruppen, die einen bestimmten Wissensvorsprung hatten, diejenigen dominieren und kontrollieren, die einen Schritt zurück lagen.

Einige Nationen, die das Wissen über Schießpulver besaßen, obwohl sie zahlenmäßig viel weniger waren, kontrollierten andere Kontinente.

Welches Wissen kann die überlegene Position dieser Organisationen gegenüber einer Nation ermöglichen?

Vielleicht hat sich ihr Wissen über lange Sicht akkumuliert und intensiviert.

Vielleicht teilte das über eine lange Zeit angehäufte und intensivierte Wissen die vergleichsweise kurzlebigen Individuen.

Die Machtquellen dieser Organisationen stammen hauptsächlich aus gezielten Informationen und profunden Erfahrungen in Schlüsselbereichen. Zu diesen Bereichen gehören Propaganda, Kontrolle der Medien und öffentliche Wahrnehmung.

Einzelpersonen können keine Flugzeuge oder Betriebssysteme bauen. Nur große Organisationen sind dazu in der Lage. Diese Organisationen nutzen das Wissen und die Erfahrung von Tausenden von Wissenschaftlern, die sich über Jahrzehnte oder sogar

Jahrhunderte angesammelt haben, sie konzentrieren sie in einem Projekt, nur so war es zu schaffen.

Mit welchen Produkten arbeiten solche Organisationen?

Hier ist der erste schwierige Teil der Geschichte. Während Unternehmen wie Apple oder Tesla uns noch vor ihrer Produktion über ihre Produkte berichten, investieren die Nachrichtendienste in Produkte, über die sie nicht reden wollen. Diese Produkte würden, wenn sie jemals Namen hätten, Trainingsprogramme sein, die etwa so heißen würden: "Wie man den Verstand kontrolliert" oder ein Buch mit dem Titel "Wie man die Meinungen der Nationen beeinflusst und sie anleitet" oder Software namens "Wie man eine Nation teilt, einen Krieg schafft und davon profitiert."

Wenn das wahr ist, warum erhalten die einfachen Leute einer Nation nicht das gleiche Wissen?
Hier ist der zweite schwierige Teil in der Geschichte. Als in der Vergangenheit Nationen z. B. mithilfe von Schießpulver kontrolliert wurden, wussten die Menschen der kontrollierten Nationen tatsächlich, dass sie kontrolliert wurden. Sie bemühten sich, die Natur der Kontrolle zu lernen, um ihre Freiheit wiederherzustellen. Diejenigen, die heute von subtilen Waffen wie Manipulation, Medien- oder Gedankenkontrolle kontrolliert werden, wissen aber

nicht, dass sie kontrolliert oder manipuliert werden. Deshalb haben sie keine Motivation, etwas über die Natur moderner Kontrolle zu erfahren.

Fazit

Um meine Behauptungen zusammenzufassen: Die Syrer, die 2011 gegen ihr korruptes Regime demonstrierten, hatten faire Gründe dafür. Aber diese Situation wurde von Teufelsmächten ausgenützt, um den hässlichsten Krieg der modernen Geschichte zu beginnen.

Ich behaupte daher, dass der Krieg in Syrien geschaffen wurde und nicht nur geschehen ist. Ich habe viele Vorfälle und Beweise geliefert, die deutlich zeigen, dass es in Koordination zwischen den Parteien geplant war, die auf der internationalen Bühne vortäuschten Feinde zu sein.

Meine Behauptungen implizieren auch, dass die Kriegsparteien nicht darum gekämpft haben Land oder natürliche Ressourcen zu gewinnen, oder zu erwerben. Stattdessen haben sie diesen Krieg geschaffen, um vom Krieg selbst zu profitieren. Keiner von ihnen war daran interessiert, den Krieg in seinen frühen Stadien zu beenden, selbst als Gewinner!

Die untersten Führungskräfte dieses Krieges (die Kämpfer beider Seiten, Pro-Assad und Opposition) waren sich dieser Situation nicht unbedingt bewusst. Sie erhielten Anweisungen von den oberen Ebenen. Sie hatten keine Chance, diesen Anweisungen zu widersprechen. Die oberen Ebenen, die sie anwiesen, waren Geheimdienste, die diesen Krieg führten und auf verschiedene Arten davon profitierten. Wie sie davon profitierten habe ich bereits in diesem Buch erläutert. Die Supermächte übernahmen die Rebellion, indem sie bestimmte Oppositionsfiguren auswählten und sie gemäß den Standards und Überlegungen dieser Supermächte unterstützten, während sie den Rest marginalisierten (isolierten) und ausschlossen.

Die Hauptausführer des Krieges, Russland und die Türkei, profitierten auf verschiedene Weise wirtschaftlich vom Krieg. Andere Teilhaber dieses Spiels haben politische und nachrichtendienstliche Ziele erreicht, vor allem die arabischen Golfstaaten, der Iran und natürlich die westlichen Supermächte. Das Hauptergebnis dieses Spiels war, dass die syrische Nation zusammen mit vielen anderen Nationen domestiziert wurde.

Irgendwann schien die ganze Welt zuzusehen, wie die armen Syrer im Grunde in einen zweiten Holocaust getrieben wurden. Aber viele von ihnen, darunter viele Syrer, beteten, dass diese Armen Leute genug Opfer sein könnten, um ihre Ambitionen und Träume zu erreichen. Alle Parteien schienen sich auf diese Armen Leute zu verlassen:

Der Westen denkt, dass sie es verdienen, Syrien mehr zu dominieren als Russland, Iran und Co. Die Wahhabit Golfstaaten denken, dass Syrien der konservativen sunnitischen Welt angehören sollte, nicht dem Westen oder der Schiiten. Sie hofften, dass der Tod von so vielen syrischen Kindern ausreichen würde, um Syrien aus dem Iranischen und dem russischen Griff zu befreien.

Die Mitglieder der Muslimbruderschaft, die jetzt unter dem Anschein von verschiedenen "Projekten" eine Finanzierung aus dem Westen erhalten, welches nirgends außer in ihren eigenen Taschen und Konten endet, genießen das gute Leben in der Türkei, in Luxusresidenzen in Istanbul und anderen Hauptstädten. Dies wird unbegrenzt ermöglicht und finanziert durch gemeldete und nicht gemeldete Quellen. Sie hoffen, dass die Syrischen Opfer reichen, um sich an Assads Regime zu rächen.

Die Syrer, die zu großen oder reichen Familien in der Diaspora gehören, sind überzeugt, dass sie die Macht und den Reichtum mehr verdienen als die Assad-Familie. Sie verbringen ihre Tage und Nächte damit, diejenigen, die noch dort sind, zu ermutigen weiter zu gehen, und schämen sie wenn sie zögern, freiwillig in diesen Holocaust zu springen. Sie hoffen, dass die Opfer dieser armen Syrer genug sind, um eines Tages zurückzukehren, um ihren verlorenen Ruhm wiederherzustellen.

Die konservativen Muslime in der Diaspora, besonders im Westen, ermutigen die Assad-Region weiterhin, diesen kollektiven Selbstmord fortzusetzen, in der Hoffnung, dass dies dazu führen wird, dass ihre Träume wahr werden: ein islamischer Staat in Syrien. Selbst die liberalen und säkularen Syrer, die nach 2011 aus Syrien geflohen sind, scheinen immer Zeit zu haben, den Tod und das Leid derer, die noch im Land sind, zu achten und zu schätzen. Wenn sie die Privilegien genießen, die einige Gastländer ihren "Gästen" bieten, hat diese Kategorie immer Zeit, die Opfer derer zu feiern, die nicht genug Quellen hatten, um aus Syrien zu fliehen. Sie versichern ihnen weiterhin, dass der Sieg zweifellos bald kommen wird. Die Geheimdienste der westlichen Supermächte haben keine der oben genannten Kategorien von Menschen ausgelassen, um ihre Agenda zu ermöglichen.

Die Medien, vor allem jene, die von anonymen westlichen Quellen finanziert werden, haben die Syrer mit Tausenden von täglichen Sendungen in sozialen Medien und anderen Medienkanälen hypnotisiert.
Der Doping-Prozess war systematisch. Tausende Schriftsteller aus allen Gesellschaftsschichten wurden bezahlt und finanziert, um das Gefühl des bevorstehenden Sieges am Leben zu erhalten.
Auch irrelevante Ereignisse wie etwa Sanktionen gegen den Iran, Assads Geld in einigen Banken einzufrieren oder die Klage von einem europäischen Gericht gegen einer der Offiziere Assads (welcher Syrien nie verlassen wollte), wurden durch diese Medien zu klaren Signalen und Indikationen für den „ baldige Sturz des Regimes " konvertiert.

Dank dieser Hypnosearbeit verloren die Syrer jegliches logisches Denken und waren nicht mehr in der Lage effiziente Berechnungen anzustellen. Während sie alles verloren, was sie besaßen, was sie von den vorherigen Generationen geerbt hatten, hörten sie nie auf zu glauben, dass sie die Gewinner waren.
Wo dieser Hypnoseprozess erfolgreich war, lenkte er die syrische Menge von der essentiellen Frage nach dem "WIE" ab. „Wie würde dieses Regime gestürzt werden"?

Selbst als die Hälfte der Nation Syrien verließ und das Regime die Kontrolle über 90 Prozent des Landes wiederherstellte; sprachen die Syrer in der Diaspora täglich weiter über den Sieg, der zweifellos kommen würde, selbst wenn die einzigen Kämpfer, die gegen Assad kämpften, die islamistischen Ausländerkämpfer waren, die die meisten Syrer in der Diaspora als unzuverlässige Söldner ansehen, die von einigen ausländischen Geheimdiensten oder sogar vom Assad-Regime selbst beauftragt wurden. Dies schien nicht nur eine Hypnose, sondern eine schwere Schizophrenie zu sein.

Die Sprecher, Schriftsteller und Journalisten, die an dieser Hypnosearbeit beteiligt waren, erhielten große finanzielle Unterstützung. Im Mittleren Osten hauptsächlich aus Katar und Saudi-Arabien, und in den westlichen Ländern hauptsächlich aus dem Vereinigten Königreich und den Vereinigten Staaten.

Diese systematische Arbeit hatte nur ein Ziel: die Menschenmassen davon abzuhalten, zu reflektieren und weiter zu leben, ohne das Spiel zu entdecken, bis es zu spät war. Und dieser Teufelsplan hat unglaublich erfolgreich geklappt. Das muss man zugeben!

Syrien ist eine offene Wunde, genau wie dieses Buch. Man kann sich nicht vorstellen zu sagen: Das ist alles nur über Syrien heutzutage, Punkt. Dank der heutigen Technologie, ist es möglich, ein Buch zu schreiben und es offen zu halten; Es in die Hände von Millionen von Menschen zu legen, während man weiter daran schreibt und täglich neue Entdeckungen, Ansichten und Erfahrungen hinzufügt.

Daher möchte ich an dieser Stelle auf die Updates der Kindle-Ausgabe dieses Buches aufmerksam machen, welches für alle Amazon Kunden automatisch kostenlos ist.

HERZLICHST, IHR
WASEEM KANJO
WIEN, 2018

www.gegen-manipulation.com
info@gegen-manipulation.com
https://www.facebook.com/Ganzbild/

FÜR SIE:

DEN OPFERN DER KRIEGSFÜRSTEN, DIE AUSSER DEM BLUT, DEN GLIEDMASSEN, DER ZUKUNFT UND DEN TRÄUMEN DIESER KINDER KEIN ANDERES GESCHÄFT FINDEN KONNTEN.

Anhang

Weiterführende Literatur

---

[i] 10. Juni 2011, sagte Erdogan über den türkischen Kanal ATV: "Die Situation in Syrien für die Türkei ist nicht so wie in Libyen. Syrien ist fast wie eine interne Angelegenheit (für die Türkei). Wir haben eine 800 bis 900 Kilometer lange Grenze. Wir haben Verwandte dort. Die Türkei kann das wiederholte Massaker von Hama nicht akzeptieren. http://archive.arabic.cnn.com/2011/syria.2011/6/10/turkey.syria/

Zwei Jahre später erschien Erdogan wieder und wiederholte den gleichen Monolog. Zu dieser Zeit überstiegen die syrischen Opfer dieses Spiels die dreifache Zahl des Massakers von Hama. Erdogan schien jedoch nicht zu bedauern oder zu entschuldigen. Er sah eher wie ein Schauspieler aus, der seine Leistung so behält, wie sie für ihn geschrieben wurde.

Diese Theaterszene setzte sich in dem gleichen Moment fort, bis diese Zeilen geschrieben wurden. Die Propagandakanäle, die hauptsächlich von Katar finanziert werden, hörten nicht auf, ihn zu loben als "den Führer, der die Syrer nicht im Stich ließ".

Dies blieb während der 8 Jahre der syrischen Tragödie ohne Unterbrechung, selbst nach 600.000 Toten, 10 Millionen Vertriebenen und unbekannten Schäden und Verlusten.

19. August 2011, Obama sagte "Assad muss zurücktreten"
"USA, Europa fordern, dass der syrische Führer Al-Assad zurücktritt"

"Außenministerin Clinton sagt, der syrische Präsident Assad muss gehen"
http://edition.cnn.com/2011/POLITICS/08/18/us.syria/index.html
https://www.theguardian.com/world/2011/aug/18/syria-assad-must-resign-obama
https://abcnews.go.com/Politics/secretary-hillary-clinton-syrian-president-assad/story?id=16049737

22.11.2011 Reuters: "Der türkische Premierminister ruft den syrischen Präsidenten Assad zum Rücktritt auf. Während die Türkei eine Intervention von außen ablehnt, hat sie sich mit syrischen Oppositionsgruppen getroffen und erlaubt ihnen, sich in türkischen Städten zu treffen. Es hat auch den Überläufern der syrischen Armee Zuflucht gewährt, bestreitet jedoch, dass es einen bewaffneten Widerstand unterstützt. Türkische Zeitungen zitierten am Wochenende Beamte, die sagten, die Türkei könne eine Flugverbotszone auf syrischem Territorium einrichten, um die Bevölkerung vor Assads Sicherheitskräften zu schützen, um einen möglichen Massenexodus von Flüchtlingen aus Syrien abzuwenden.

Der türkische Premierminister Tayyip Erdogan hat am Dienstag den syrischen Präsidenten aufgefordert, zurückzutreten und Damaskus 'Vorgehen gegen Demonstranten mit der Taktik des nationalsozialistischen Deutschland zu vergleichen. "
https://www.reuters.com/article/us-turkey-syria/turkish-pm-calls-on-syrias-assad-to-quit-idUSTRE7AL0WJ20111122

16. Mai 2013, "Obama und Erdogan: Syriens Assad muss gehen" Wall Street Journal,
https://www.youtube.com/watch?v=rvvqrwwkSlM

Die Rede war kurz nachdem Obamas sogenannte "rote Linie" überschritten wurde, in der Assad Berichten zufolge die Chemiewaffen einsetzte, wie die amerikanischen Ermittlungen bewiesen haben.
https://www.washingtonpost.com/news/fact-checker/wp/2013/09/06/president-obama-and-the-red-line-on-syrias-chemical-weapons/?utm_term=.9b44b8dda9ac

ii https://www.imdb.com/title/tt0395169/
iii "American Vice President Joe Biden admitted as much to Harvard University's John F. Kennedy Forum:

"And what my constant cry was that our biggest problem is our allies - our allies in the region where our largest problem in Syria. The Turks were great friends - and I have the greatest relationship with [Turkish President Recep Tayyip] Erdogan., which I just spent a lot of time with - the Saudis, the Emiratis etc... What were they doing?

They were determined to take down Assad and essentially have a proxy Sunni-Shia war, what did they do? They poured hundreds of millions of dollars and tens, thousands of tons into anyone who would fight against the Assad except that the people who were being supplied were al-Nusra and al Qaeda and extremist elements of jihadists coming from other part of the world."

What Biden neglected to say was that America's allies conducted that policy with the knowledge of the united States, which did nothing to stop it. The weapons supplied to the fanatics were manufactured in the US, and American intelligence in Turkey knew which rebels Turkey, Qatar and Saudi Arabia were assisting. Moreover, the moving forces within ISIS, including its mercurial leader Abu Bakr al-Baghdadi, were graduates of the American prison system in Iraq, where previously non-political Sunni Muslims became radicals." Syria Burning: A Short History of a Catastrophe, by Charles Glass, ISBN: 978-1784785161

iv Zu dieser Schlussfolgerung gelangt man, indem man den einen Aspekt betrachtet, der sich in Syrien im Jahr 2011 verändert hat. Assad und Russland existierten in dieser Landschaft seit mindestens 1970. Nur wenige Monate vor Beginn der Krise erlebten syrisch-türkische Beziehungen eine starke Zusammenarbeit nach jahrzehntelang stark abgekühlten Beziehungen. Assads und Erdogans Familien wurden enge Freunde und die Grenzen wurden für intensive kommerzielle und touristische Unternehmungen geöffnet. **Die arabischen Medien begannen, die Türkei und ihr Staatsoberhaupt, Erdogan, als einen inspirierten Führer zu fördern, der die Macht der Muslime wiederherstellen würde, wie auch ihre in der Vergangenheit genossene internationale Position. Während es** sehr schwierig ist, eine Ausgabe einer westlichen Zeitung zu finden, in der kein Erdogan kritisierender Artikel enthalten ist, ist es ähnlich schwer, eine arabische Quelle zu finden, die ihn kritisiert (Hauptsächlich Al Jazeera bzw. dessen Moderator Faisal Al Qassem, neben vielen kleinen Fischen, die mit dem Strom des großen Senders mitschwammen und das gleiche Endziel verfolgten und exakt die gleiche Botschaft verbreiteten, die später darin bestand, Erdogans Image aufzupolieren. Das werde ich später erläutern).**Vor dieser Krise und noch ein weiteres Jahrzehnt oder länger davor war es die Aufgabe dieser arabischen Medienkanäle und -figuren, jeden, der Assad kritisieren könnte, zu terrorisieren, wodurch Assad und Hisbollah die Helden der arabischen Welt, ihre Feinde dagegen verteufelt wurden!**

[v] Die Grenzen (vor allen Dingen die türkische Grenze) wurden für Waffen und Kämpfer aus aller Welt geöffnet, zusammen mit den notwendigen Instruktionen, Geheimdienstinformationen, Trainings und vor allem mit großzügiger finanzieller Unterstützung und gut organisierten Kommunikations- und Logistiknetzwerken. Das wurde durch systematisch vorbereitende Medien und politische Bewegungen begleitet, zusammengesetzt aus in der Diaspora lebenden Syrern, die von türkischen und westlichen Geheimdiensten versammelt und unter Namen wie „nationale Koalition" oder „provisorische Regierung" verwaltet wurden.

Hunderte dieser „Mitglieder" wurden in den luxuriösesten Hotels Istanbuls untergebracht (über Jahre!) und hatten freien Zugang zu Zuschüssen, Gehältern und Privilegien (!), kontrolliert und finanziert von Sponsoren aus anderen Geheimdiensten, wie den Katarern, Saudi-Arabern, Franzosen und natürlich, wenn auch sehr subtil, von den Amerikanern.